イラスト図解

知っている
ようで
知らない

物価

のしくみ

監修 斎藤太郎 木下智博

JN221685

 池田書店

日本の物価って実は思ったほど上がっていません

このところ、電気代やガソリン代、食料品や日用品まで、次々に値上がりしている──。

「給料はたいして上がらないのに、物価だけがどんどん上がって生活は苦しくなる一方だ」。そう感じている人も多いのではないでしょうか。「いったい物価って何?」と疑問に思って本書を手に取ってくださったのかもしれませんね。

一般の消費者に、1年後の物価の見通しを尋ねる調査があります。「日頃、よく購入する品物の価格について、1年後どの程度になると思いますか」という設問に対し、「2%未満」「2〜5%」「5〜10%」「10%以上」のいずれかで物価が上がるか下がるか、あるいは変わらないかを選択してもらうもので、これを「予想物価上昇率」といいます。あなたならどう答えますか?

直近の2024年7月の調査で最も多かったのは、「5%以上上がる」と見込んだ人で、全体の45.2%を占めていました。次いで多かったのが「2〜5%上がる」で34.8%。合わせて8割の人が、1年後に2%以上、上昇すると予想しているのです。

けれども実は物価って、私たち消費者が思うほど上がっていません。

「消費者物価指数」という言葉を聞いたことがあるでしょうか。これ

は、物価の動きを表す代表的な"ものさし"です。

2003年から2023年まで、21年間の消費者物価指数の推移をみると、前年比0%から1%台の上昇率がほとんど。2%を超えて上昇したのは、2014年、2022年、2023年の3回だけです。**消費者が予想するような「5%以上の上昇」は、過去20年間で一度もありません。つまり、私たち消費者の感じ方と、実際の「物価」の動きにはズレがあるということなのです。**

物価の動きは、主要国の消費者物価指数と比べてみても明らかにちがいます。この10年間の平均をみてみると、上昇率がいちばん高いのはイギリスで、平均で約2.9%上昇しています。次いで、アメリカ2.7%、カナダとドイツが2.5%、イタリアとフランスが2.0%上昇しています。ところが日本は10年間で1.1%しか上がっていません。海外と比べても、日本はほとんど上がっていないのです。

「でも昔に比べたら、物価は上がってるんだよね？」
もちろんそうです。長いスパンでみれば日本の物価は上がっています。

たとえば今からおよそ100年前、1920年代の大学卒のサラリーマンの初任給は50〜60円だったといいます。米は一升50銭、キャラメルは20粒で10銭程度でした。今はもう「銭」や「厘」といった1円未満のお金はありませんね。物価が上がって1円未満のお金がほとんど使われなくなったため、1953年に廃止されているからです（ただし、為替や利息の計算には現在も使われています）。

第二次世界大戦後、高度経済成長期をへて日本の物価は上がってきました。国は、さまざまな経済指標をもとに経済状況を分析して政策

を立案していますが、なかでも重視されているのが物価です。

 政府は日本銀行と連携して2013年に「物価を毎年2％上昇させる」という目標を掲げました。しかし当初、日本銀行が目指していた2年以内には実現できず、10年以上たってようやく目標達成の兆しがみえてきたというところです。

 物価の動向は、企業にとっても重要です。企業からみると、原材料などの価格が上がればコストが増加し、利益が圧迫されます。ただし、コストの増加を販売価格に転嫁することができれば利益が増え、やがては私たちの給料に反映されるかもしれません。

 このように物価は、私たちの生活と密接にかかわっています。"経済の体温計"とも呼ばれていますが、大半の人は、この"体温計"の意味や使い方を知りません。なぜなら、物価についてきちんと学ぶ機会がないからです。

 消費者物価指数ってどういうものなの？
 ここ20年間、物価が上がっていないのはなぜ？
 最近、物価上昇率が2％を超えたのはどうして？
 政府の物価目標はどうして「2％」なの？
 世界各国の物価はどうなっているの？

 本書はこういった「物価」にまつわる素朴な疑問にこたえるべく、誰にでもわかりやすいようにつくりました。「経済関連のニュースや記事は難しくて苦手」「何となく見聞きしているけど、理解できていない」という人にもわかりやすいよう、図解やイラストを交えてひとつずつ、ていねいに解説しています。難しい経済用語には脚注もつけましたから、安心してください。
 それでは一緒に「物価」について学んでいきましょう。

CONTENTS | 目次

第1章 物価とは何か？

監修：斎藤太郎（ニッセイ基礎研究所 経済研究部 経済調査部長）

第2章 物価を動かす要因

監修：斎藤太郎（ニッセイ基礎研究所 経済研究部 経済調査部長）

第3章　物価が上がると生活はどうなる？

監修：斎藤太郎（ニッセイ基礎研究所 経済研究部 経済調査部長）

第 4 章 世界の物価

監修：木下智博（追手門学院大学 経済学部教授）

第 5 章 政策と物価の関係

監修：木下智博（追手門学院大学 経済学部教授）

本書の情報は2024年9月時点のものです。

この本の見方

この項目
の大きな
テーマ

通し番号

この項目で
説明する内
容の概要

章ごとにツメがズレ
ているので読みたい
章がすぐに探せる

本文中に出てくる
専門用語などの解
説と補足説明

重要なポイント
は太字＋マー
カーで表示

図解やグラフを
使ってわかりや
すく解説

第**1**章

物価とは何か？

監修：斎藤太郎（ニッセイ基礎研究所 経済研究部 経済調査部長）

1 - 1

物価とはモノや
サービスの値段のこと

私たちはふだんモノやサービスの「値段」をみて買い物をしますが、
国という大きな視点で経済活動をとらえるには「物価」が重要です。
「値段」と「物価」は、どのような関係があるのでしょうか。

⤷ 日本の景気を左右する、生活に密着したもの

　ガソリン代や、お気に入りのお店のランチが値上げされていると、私たちは「物価が上がった」と感じます。
　「物価」とは、世の中のモノやサービス全体の値段を総合的に表したものです。
　特定のモノやサービスだけでなく、世の中全体のモノやサービスの値段水準が全体的に上がったときに"物価が上がった"といえるのです。
　一般に景気がよくなると物価が上昇し、景気が悪くなると物価が下がる傾向があります。物価を動かしているのは「政府」「企業」「家計」の3つの経済主体です。私たち消費者の集合体である家計は、モノやサービスを買ったり、働いてお金を稼いだり、税金を支払ったりといった経済活動を行っています。
　企業はモノやサービスを提供して代金を受け取り、賃金や税金を支払います。政府は消費者や企業から税金を徴収し、社会保障や公共サービスを提供したり、公共事業を発注したりします。経済活動を円滑に保つ役割も求められています。
　それぞれがかかわり合ってモノ・サービス・お金を循環させるなかで、物価も動いていくのです。

◎ 物価を動かしている3つの経済主体

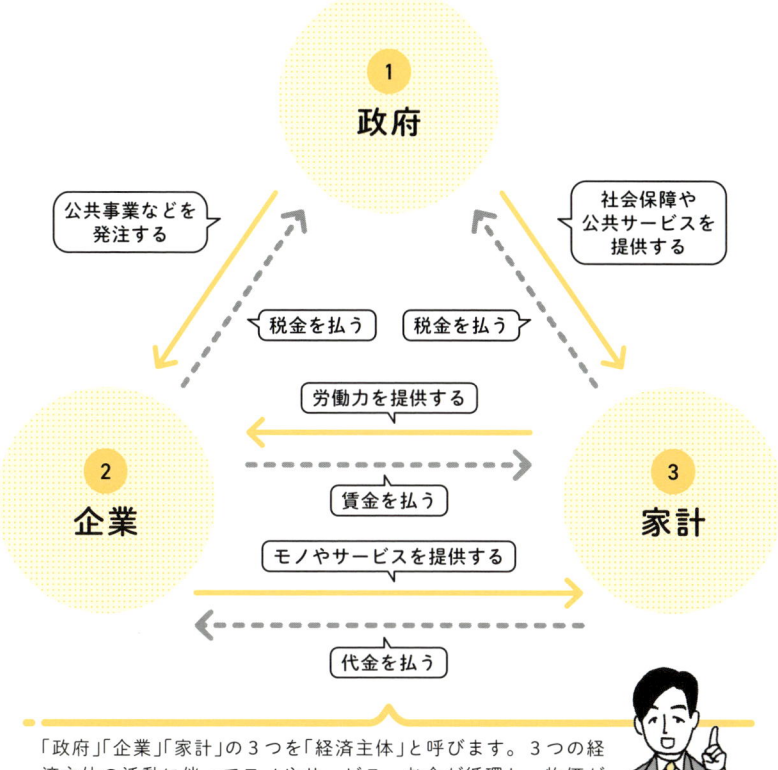

1 政府

公共事業などを発注する

社会保障や公共サービスを提供する

税金を払う 税金を払う

労働力を提供する

賃金を払う

モノやサービスを提供する

2 企業

3 家計

代金を払う

「政府」「企業」「家計」の3つを「経済主体」と呼びます。3つの経済主体の活動に伴ってモノやサービス、お金が循環し、物価が動きます。

Column

物々交換から貨幣制度に統一されたのは江戸時代？

　古代は物々交換で経済が回っており、交換する品としては米や塩、布が人気でした。日本最古の貨幣は683年頃、中国（唐）の貨幣をモデルにした「富本銭（ふほんせん）」という銅銭です。708年には「和同開珎（わどうかいほう）」もつくられました。しかし、次第に貨幣の質が低下し、再び米や塩、布などによる物々交換が行われた時期も。中国の貨幣や各地の武将がつくった貨幣も出回っていました。全国的に貨幣が統一されたのは、江戸時代に入ってからです。1601年に徳川家康が金貨と銀貨を、1636年に徳川家光が銅貨（寛永通貨）を発行し、統一政権による三貨制度が整ったのです。

物価は「経済の体温計」 といわれている

**一国の経済は、非常にたくさんのモノやサービス、
お金が複雑に絡み合って動いています。経済の"元気のよさ"を
簡便に把握できる重要な指標が「物価」です。**

国の経済の状況を簡便に把握できる

　家計の収入や支出、投資、貯金がどうなっているかは、家計簿をつけていればわかるもの。将来のお金の計画も立てられるでしょう。

　では、国の経済状況を把握するにはどうすればよいでしょうか。国の経済の担い手は「政府」「企業」「家計」の3つです。政府のうち国の収入は年間で114兆3,800億円(2023年度の一般会計歳入(当初予算))。企業数は約368万社(2021年の経済センサス-活動調査)あり、593兆円分(2023年の名目GDP)のモノやサービスを生み出しています。そして、消費者の集合体である家計は5,583万世帯(2020年国勢調査)にも上ります。

　これほど大きな経済活動を把握して今後の経済状況を予測し、政策を立案するのは簡単なことではありません。為替レートや各国の金利の影響も大きく受けます。経済学者や研究者はさまざまな経済指標を用いて経済状況を分析し、景気の予測や政策の提言などを行っています。

　経済指標のなかでも、特に重視されているのが「物価」です。自由経済[*1]のもとでは価格は一定ではなく、市場の動向で変動します。一般に経済が活発になると物価は上がり、経済が停滞していると物価は下がります。国の経済が活発化しているのか停滞しつつあるのか、状態

---

*1 自由経済／経済活動がそれぞれの自由意志に任されている状態で、政府などによる干渉や規制を受けない経済システムをさす。

◯ 体温も経済も平熱がいちばん！

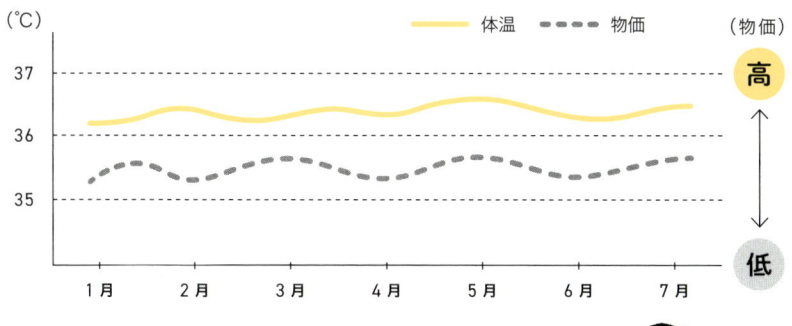

人の体温は36〜37℃程度で保たれており、発熱は体の異常を知らせるサイン。物価の急激な変動も社会に大きな混乱を招くため、緩やかに上昇するのが望ましいと考えられています。

を簡便に把握できるため、物価は「経済の体温計」といわれています。

◯ 物価は急上昇、急下降しないのがよい

　物価は自然に変動するものですが、急激に上昇すると、家計は一気に苦しくなります。同じ金額を出しても買うことができる量が大きく減ってしまうからです。物価が上昇すると企業のコストも増えますが、販売価格を上げれば、売上や収入が増えます。しかし、賃金にはすぐに反映されないので、消費者の生活はいっそう圧迫されます。特に年金生活者は困窮してしまいます。

　逆に物価が急激に下降すると、消費者は短期的には恩恵を受けます。しかし、消費者が今後の値下げを見込んで買い控えるようになります。企業の業績はガクンと悪化し、賃金カットやリストラを急速に進めるような状態になりかねません。

　どちらにしても、物価の急激な変動はモノ・サービス、お金の循環を悪化させて、社会生活の混乱を招きます。そのため、**物価は人の体温と同じように、安定して推移するのが望ましいと考えられています。**

物価上昇率とは モノやサービスの 値段の上がり方のこと

モノやサービスの値段の総合的な変動を表す指標が「物価上昇率」。
単に"物価が上がった"だけでなく、前年または前月と比べて
"どのくらい上がったか"を数値で把握することができます。

⮕ 物価の変動を表す指標のひとつ

「物価が上がった」とか「物価が下がった」というのは、ある時点を基準にして判断します。

前月または前年と比べて、世の中のモノやサービスの値段が、総合的にどのくらい上昇（または下降）したかを表したのが、「物価上昇率」です。物価上昇率2％のときは「前年同月比で物価が2％上昇」、2％下降しているときは、マイナスを意味する「▲」をつけて「前年同月比で物価が▲2％となった」などのように使います。

物価上昇率は「インフレ[*1]率」とも呼ばれ、国の経済政策や金融政策における重要な経済指標のひとつとなっています。

⮕ 同じものを同じ量で一定期間調べる

物価上昇率の算出には「消費者物価指数（→P22）」を用いるのが一般的です。

消費者物価指数は、私たち消費者が暮らしのなかで買うモノやサー

---

*1 インフレ／インフレーションの略。モノやサービスの値段が全般的に上がり続けている状態をさす。

▼ "固定電話の通信料"を例にとると

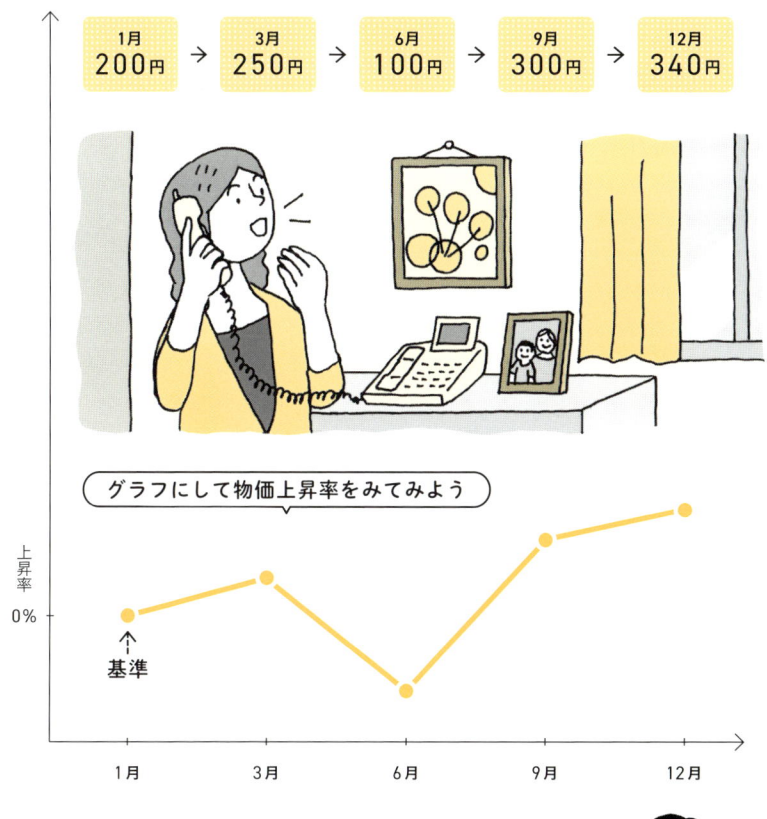

1月		3月		6月		9月		12月
200円	→	250円	→	100円	→	300円	→	340円

グラフにして物価上昇率をみてみよう

上昇率
0%
↑
基準

1月　3月　6月　9月　12月

物価上昇率は、ある時点を基準に物価がどのくらい上昇しているのかを表したものです。食料品や家賃、水道光熱費、通信費など、生活に不可欠なモノの価格変動は実際よりも強く感じられます。物価上昇率で確認してみましょう。

ビスの値段を総合した指数のこと。ある年の消費者物価指数が100で、翌年の消費者物価指数が102という場合は、「(102−100)÷100」から前年比の物価上昇率は2％と算出できます。

　物価の指標には消費者物価指数以外に、「国内企業物価指数（→P42）」「輸出入物価指数（→P44）」「企業向けサービス価格指数（→P46）」などがあり、これらからも物価上昇率が算出できます。

⟳ 物価が上がるしくみ、下がるしくみ

　モノやサービスの値段は、欲しい人と売りたい人の気持ちが一致するところで決まるのが原則。世の中全体のモノやサービスを表した「物価」も、原則として世の中全体の需要と供給のバランスで決まります。

　世の中全体でモノやサービスを売りたい人よりも欲しい人がたくさんいれば、物価は上がっていきます。物価が上がって企業の収益が増えれば、やがて賃金もアップするでしょう。すると、消費者が自由に使えるお金が増えるので、より多くのモノやサービスを欲しがるようになります。このように==需要が供給を上回るバランスが続いていれば、物価は上がっていきます。これが景気がよい状態です。==

　しかし、ある時点で供給が需要を上回るようになると、売れ残りが生じます。値段を下げても売れなければ、企業の収益は減ってしまいます。賃金がカットされれば、モノやサービスを欲しがる人も減ってしまいます。==供給よりも需要が小さければ、モノやサービスをつくっても売れず、物価は下がっていくことになります。==

⟳ 景気が安定していると世界も私たちの生活も穏やか

　政治的な混乱や戦争、紛争などがあると、欲しい人と売りたい人のバランスが急激に崩れます。その結果、景気が不安定になり、私たちの生活も苦しくなることに。新型コロナウイルス感染症の世界的流行のように、誰も予期しないできごとで景気が左右されることもあります。ただ、これまでの歴史から、世界経済は好景気と不景気を繰り返しながら成長してきたということがわかっています。

　理想とされているのは、モノやサービスがそこそこ売れて、企業の業績も私たちの賃金もまあまあ上がる……というように景気が安定した状態。==急激な景気の変動を抑えて、経済が健全に成長していけば、企業も家計もうるおい、政府の収入も安定します。==政府や中央銀行は、景気の安定と経済の健全な成長を図るべく、さまざまな政策を実施しています。

景気がよければ物価は上がる

- モノやサービスが売れる
  ↓
- 企業の収益が増える
  ↓
- 働く人たちの賃金が増える
  ↓
- 人々の消費が伸びる

景気がいい ＝ 物価が上がる

＝

モノをたくさんつくって たくさん売る … 需要＞供給 ○

- モノやサービスが売れない
  ↓
- 企業の収益が減る
  ↓
- 働く人たちの賃金が減る
  ↓
- 人々の消費が落ちる

景気が悪い ＝ 物価が下がる

＝

モノをたくさんつくっても 売れない … 需要＜供給 △

1 - 4

物価指数が
客観的なものさしとなる

世の中のモノやサービスの総合的な値動きをみる物価指数。
個人の買い物を対象とした消費者物価指数のほか、
企業の買い物を対象とした物価指数もあります。

🔶 物価指数は、基準年の物価を100としたときと、その時々の物価を比較計算した数値

　今年は暖冬だとか、平年並みだなどという判断ができるのは、「気温」という"ものさし"があるからです。暑さ寒さの感じ方に個人差があるように、物価の動きの感じ方も人によってちがうもの。正確に判断するためには、客観的な"ものさし"が必要です。

　物価の客観的なものさしとしてつくられているのが「物価指数」です。基準となる年の物価を100とし、その時々の物価がどのように変動しているかを数値で表したもの。多種多様なモノやサービスの値段を総合した平均的な価格の変動を、客観的にとらえることができます。

🔻 物価指数の例

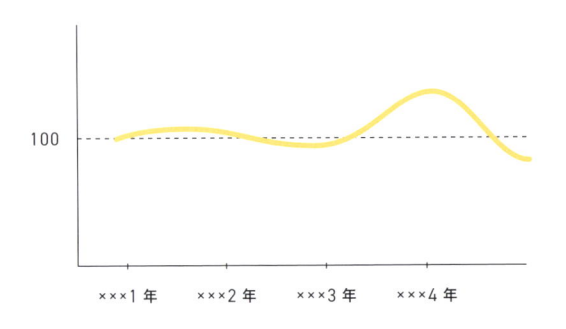

100 …… ×××1年　　×××2年　　×××3年　　×××4年

物価指数は基準となる年の物価を100として、その時々の物価の変動を指数で表したものです。物価の変動を長いスパンで把握できますが、基準年が変われば指数の水準も変わります。基準年を確認しておきましょう。

◎ 主な物価指数

消費者物価指数（→P22）

消費者が購入するモノやサービスの平均的な価格の変動を表す指数。家計のなかで消費支出が多い582品目が組み込まれている。総務省統計局が月に1回発表。全国167市町村で実施される小売物価統計調査（動向編）などをもとに作成される。

国内企業物価指数（→P42）

国内の企業間で取引されるモノの価格の平均的な変動を表す指数。工業製品、農林水産物、鉱産物、電力・都市ガス・水道、スクラップ類など、515品目が組み込まれている。日本銀行が作成し、月に1回発表。

輸出入物価指数（→P44）

輸出品の船積み時点の価格の変動を表す「輸出物価指数」と、輸入品の荷下ろし時点の価格の変動を表す「輸入物価指数」がある。輸出物価指数は184品目、輸入物価指数は210品目を採用。日本銀行が作成し、月に1回発表。

企業向けサービス価格指数（→P46）

国内の企業間で取引されるサービスの価格の平均的な変動を表す指数。金融、保険、不動産賃貸、旅客・貨物輸送、広告、インターネット、技術サービスなど、146品目が組み込まれている。日本銀行が作成し、月に1回発表。

⇨ 物価指数は個人向けと企業向けがある

　暮らしのなかで消費者が購入するモノやサービスと、企業がその活動のために購入するモノやサービスは、種類も価格帯も異なります。

　そこで、それぞれの物価の変動を分けて把握するために、個人の買い物を対象とした物価指数と、企業間の取り引きを対象とした物価指数がつくられています。

　個人向けの物価指数が「消費者物価指数（→P22）」で、総務省統計局が作成しています。企業向けの物価指数は日本銀行が作成しており、「国内企業物価指数」「輸出入物価指数」「企業向けサービス物価指数」の3つがあります。

1 - 5

消費者物価指数は経済政策の大事な指標のひとつ

物価の動きをとらえるために、さまざまな指標がつくられています。
なかでも代表的なものが「消費者物価指数」。消費者の暮らしを
もとにつくられたもので、経済政策の立案にも用いられます。

→ 消費者物価指数は小売価格の動きを表したもの

　世の中には、数えきれないほど多くのモノやサービスがあり、価格帯も値動きも異なります。たとえば、野菜の値段は天候の影響を受けますし、新モデルのパソコンが登場したら、古いモデルは値下がりします。個別の値動きをみていても、世の中全体の物価がどう動いているのかはわかりません。そこで、ある年を基準として、消費者が買ったモノやサービス全般の物価の動きを表したのが「消費者物価指数」です。英語表記の「Consumer Price Index」から「CPI」とも呼ばれます。

　消費者物価指数のイメージですが、まず大きな買い物かごのなかに私たち消費者が買ったモノやサービスを入れていきます。食料品や日用品、水道光熱費、スマホ代、家賃、習い事の月謝、映画や旅行などのレジャー費用もすべて詰め込みます。たとえば、2020年1年間に買い物かごに入ったすべての合計額が180万円だったとしましょう。そして、まったく同じように買い物した翌年の合計額が185万円でした。最初の180万円の年を「100」とすると、翌年の185万円は「102.8」となります。これが2020年を基準にした2021年の消費者物価指数で、物価が上昇したことがわかります。これを「ラスパイレス指数*1」といいます。

---

*1　ラスパイレス指数／基準時と調査時の価格の変化を基準時のウエイトで加重平均して算出する指数のこと。ドイツの経済学者ラスパイレスが考案した。

◆ 消費者物価指数（CPI）の調べ方

たとえば2020年1月の
1か月間に購入したもの

各種月謝、スマホ代、
家賃（ローン）、
水道光熱費など

×**1**年分 ＝ **180**万円

翌年同じものを同じ量買ったら

物価が上がったことで
5万円多くなるとすると **185**万円

2020年を基準にした2021年の消費者物価指数

102.8

前年に比べて物価が2.8%上昇したことがわかる
（実際の基準年は5年ごとに変更される）

◆ 消費者物価指数の利用目的は主に3つ

1

景気動向を
測るための経済指標

モノやサービスの価格は、
景気に敏感に反応するた
め、景気動向を測る重要な
指標となる。

2

金融政策の
判断材料

基調的な変動を的確に把握
するため「生鮮食品を除く総
合」「生鮮食品及びエネルギー
を除く総合」が用いられる。

3

年金の給付見直しの
判断材料

国民年金や厚生年金など、物
価変動に応じて実質的な給付
水準を見直すものは、物価の
動きを示す重要な指標になる。

消費者物価指数は
経済政策を推し進めるうえで重要な指標

　日本で消費者物価指数の作成が始まったのは1946年8月。第二次世界大戦後の激しい物価上昇（インフレ→P16）の調査が目的でした。

　1955年以降は、**西暦末尾0と5の年を基準年として、5年ごとに品目などの見直しを行っています。** 現在の基準年は2020年です。総務省統計局は、全国と東京都、都道府県庁所在市及び政令指定都市に加え、地方や都市階級ごとに取りまとめた消費者物価指数を毎月1回発表。物価がどのくらい上昇しているのか、あるいは下降しているのかを、長いスパンで把握することができるため、国における経済政策の重要な指標となっています。

　物価変動の要因を探るには「寄与度」が役立ちます。これは、物価全体の動きに対する影響度を、食料、光熱・水道、家具・家事用品などの費目別や項目別に算出した数値のことです。寄与度が大きいものほど、物価の変動に強く影響していると考えられます。

公的年金の給付額の算出基準にも使われる

　より身近な消費者物価指数の活用例としては、公的年金の給付額の算出があります。

　公的年金の給付額がずっと同じままだと、物価の上昇に伴ってお金の価値が低下したときに、年金で生活している人が困ってしまいます。そのため、公的年金の給付額は毎年見直すこととなっており、そのものさしとして消費者物価指数が使われています。ただし、賃金上昇率や2004年に導入された「マクロ経済スライド（→P136）」でも調整されるため、消費者物価指数の上昇分がそのまま給付額に反映されるわけではありません。

　また、**ひとり親家庭に給付される児童扶養手当額の見直しにも、消費者物価指数が使われています。** こちらは消費者物価指数の前年比上昇率が2.5％なら、手当額も2.5％引き上げるというように、消費者物価指数の前年比上昇率がそのまま反映されるしくみになっています。

◆ 消費者物価指数（CPI）の長期推移

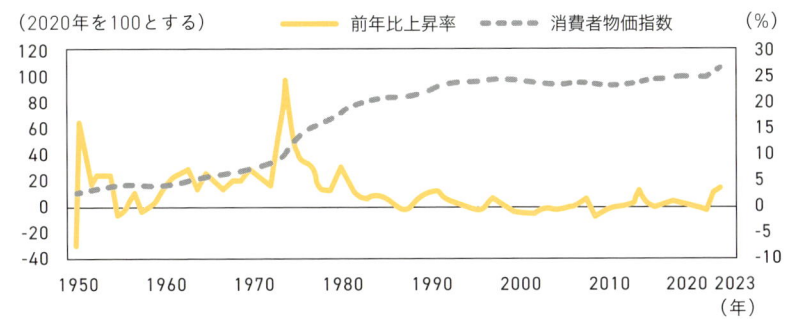

（2020年を100とする）　── 前年比上昇率　---- 消費者物価指数　（％）

持家の帰属家賃を除く総合指数、全国（総務省統計局「消費者物価指数」より）

戦後日本のCPIは、1980年代まで4〜5％ずつ上がり続け、1974年はオイルショックにより前年比20％も上昇しました。1990年代以降は停滞もしくは下降傾向で、変動幅も小さくなっています。

◆ 消費者物価指数（生鮮食料品を除く総合）の寄与度分解

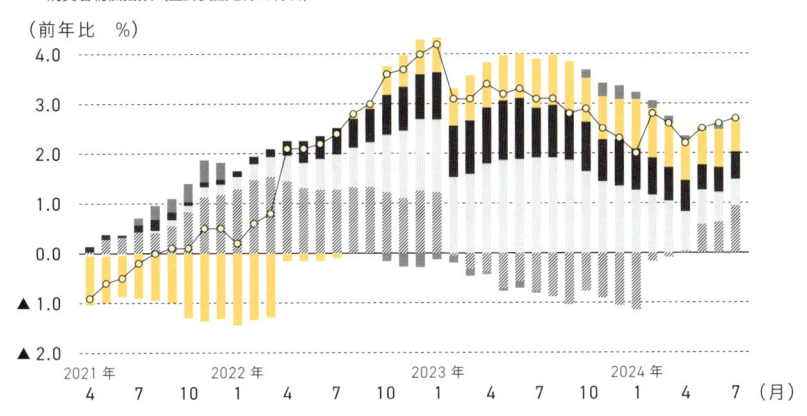

▨エネルギー　▢食料（生鮮食品・外食除く）　■その他　■サービス　▦制度要因（GoToトラベル、全国旅行支援）
-○- 消費者物価指数（生鮮食品を除く総合）

（前年比　％）

（総務省統計局「消費者物価指数」よりニッセイ基礎研究所作成を改変）

2021年9月以降のCPIの上昇は、エネルギー価格の高騰が強く影響しています。その後、徐々に食料品などの寄与度も高まっていることから、生産コストの価格転嫁が進んだと考えられます。

1 - 6

582品目を調査して消費者物価指数をつくる

消費者物価指数に組み込まれているのは、私たちの暮らしに
必要な582品目。買う頻度が低くても単価が高い
モノやサービスの値段を重視して指数がつくられています。

🔄 家計のなかで支出が多い品目を選んでいる

　私たち一人ひとりが購入したモノやサービスをひとつ残らず大きな買い物かごに入れて消費者物価指数をつくるのは、現実には無理な話です。

　そこで、基幹統計調査[*1]のひとつである「家計調査（→P30）」の結果をもとに、家庭で消費するモノやサービスのうち、支出額の多いものを選んで指数をつくっています。買い物かごに入れる品目を「指数品目」といいます。家計が消費するモノやサービスが対象となるので、所得税や住民税、社会保険料など家計の自由にならない支出や、預貯金、保険料や有価証券購入の支出などは指数品目には含まれません。指数品目の数や内容は時代によって変わりますが、現在は家計調査の結果をもとに選出した581品目に、持家の帰属家賃[*2]を加えた582品目です。このうちの上位300品目で家計の支出全体の約90％を占めています。

　報道などで一般に使われる消費者物価指数は、582品目すべての変動を示した「総合指数」です。また、天候による値動きの激しい生鮮食品を除いた「生鮮商品を除く総合指数（コアCPI）」や、原油価格の影響を受けやすいエネルギー[*3]を除いた「生鮮食品及びエネルギーを除く総合指数（コアコアCPI）」もよく用いられています。

---

*1　基幹統計調査／特に重要な統計として規定された調査で、対象となる団体・法人・個人には回答義務がある。国勢統計、労働力統計など。
*2　持家の帰属家賃／持家を借家とみなした場合に支払われる家賃のこと。
*3　エネルギー／電気代、都市ガス代、プロパンガス代、灯油代、ガソリン代。

さらに、指数品目を「食料」「住居」「光熱・水道」「家具・家事用品」「被服及び履物」「保健医療」「交通・通信」「教育」「教養娯楽」「諸雑費」という10のグループに分けてつくった「10大費目指数」もあります。10大費目指数をより細かく分類した「中分類指数」や「小分類指数」もあり、物価の変動要因を詳しく調べるのに使われています。

◉ 消費者物価指数の分類とウエイトの割合

教養娯楽 74品目
テレビ、パソコン、文房具、運動用具、玩具、切り花、ペットフード、獣医代、新聞・書籍代、宿泊料、月謝類、放送受信料、フィットネスクラブ料金、インターネット接続料など。

諸雑費 48品目
理容・美容院代、カミソリ、石けん、シャンプー、歯磨き、化粧品、かばん類、腕時計・指輪、たばこ、傘、損害保険料、保育所保育料、葬儀料など。

教育 14品目
小学校、中学校、高校、短大、専修学校、大学の授業料、ＰＴＡ会費、教科書・学習参考教材、塾・予備校代など。

食料 236品目
穀類、魚介類、肉類、乳卵類、野菜・海藻、乾物・加工品類、果物、油脂・調味料、菓子類など。弁当や冷凍食品、飲料、酒類、外食、学校給食も含まれる。

保健医療 29品目
医薬品、サプリメント、紙おむつ、生理用ナプキン、マスク、眼鏡、コンタクトレンズ、補聴器、診療代、人間ドック受診料、予防接種料、マッサージ料金など。

グラフ内数字は合計を10,000とした場合の割合

607
911
304
477
1493
353
387
693
2,149
2,626

交通・通信 42品目
鉄道運賃、通学・通勤定期、バス・タクシー代、高速料金、自動車、自転車、ガソリン、自動車整備費、車庫借料、自動車保険料、携帯電話機、通信料、運送料など。

住居 21品目
住居と住居の設備維持・修繕に対する支出。家賃、システムバス、システムキッチン、給湯器、水道工事費、外壁塗装費、大工手間代、火災・地震保険料など。

被服及び履物 64品目
背広服、男子用ズボン、女性用スーツ、ワンピース、子ども用ズボン、シャツ、セーター、下着など。春夏物・秋冬物、半袖・長袖がある。帽子やネクタイ、靴下やクリーニング代も含まれる。

家具・家事用品 48品目
電気冷蔵庫、電気洗濯機、電気炊飯器、エアコン、ソファ、カーペット、布団、タオル、収納ケース、食器、鍋、テッシュ・トイレットペーパー、洗剤など。家事代行サービスもここに含まれる。

光熱・水道 6品目
電気代、ガス代、灯油代、上下水道料。

（総務省統計局「2020年基準消費者物価指数品目情報一覧」より）

家計に占める割合から指数を計算する

　洗濯機やテレビのように、数年に1回買うようなものであれば、値段が多少変動しても、家計にはそれほど影響はしません。しかし、食料品や光熱費など、日々の暮らしに欠かせないモノやサービスの変動は、家計に大きな影響を及ぼします。物価の変動を把握するためには、値段だけでなく、購入頻度も考慮する必要があるわけです。そこで、それぞれの指数品目の家計の消費支出全体に占める割合（ウエイト）を加味し、消費者物価指数を算出しています。

　ウエイトの考え方は次のようになります。たとえば米、肉、野菜の3つで消費者物価指数をつくるとしましょう。基準時の価格はすべて100円でしたが、今月に入ると米は90円に値下がりし、肉と野菜は180円に値上がりしていました。これをそのまま計算すると、「（90＋180＋180）÷3」で「150」となり、基準時の100に対して50％も物価が上昇したということになります。

　けれども、米、肉、野菜の3つが家計の消費支出全体に占める割合は同じではありません。それぞれの割合が仮に米5、肉3、野菜2だったとします。このウエイトを加味して計算してみると、「90×5＋180×3＋180×2÷（5＋3＋2）」で「135」。ウエイトの高い米の値下げ分が反映されたことで、基準時から35％の上昇という、より正確な数値が算出できるのです。

　ウエイトは指数品目一つひとつに定められています。家計の消費支出全体を10,000とすると、10大費目のなかで、**いちばんウエイトが大きいのは食料**の2,626。食料の個別の指数品目のなかでは、豚肉（国産）のウエイトが54と最も高く、次いで焼肉（外食）の48、鶏肉の45、ヨーグルトの37、あんぱんとアイスクリームが35となっています。

季節性のあるものについてはその時期だけ調査している

　四季のある日本では、買うモノやサービスが季節によって異なりま

す。季節性のある指数品目については調査月が決められており、そのときだけ消費者物価指数の作成に加えられています。たとえば、夏が旬の枝豆は6〜9月、秋から冬にかけて出回るみかんは9〜3月、寒い季節においしいおでんは9〜3月が調査月です。衣料や家電にも季節性があります。コートは11〜1月、セーターは9〜3月、温風ヒーターは10〜2月が調査月です。また、野菜や果物、魚介など、季節によって出回り状況が大きく異なるものは、月ごとのウエイトで調整されています。

かくれ値上げも指数にはしっかり反映されている

消費者物価指数に組み込まれるのは、実際に店頭で売られている消費税込みの値段で、セール価格や会員向けの特別価格などは除外されます。

原材料コストの上昇が続くなかで増えているのが"かくれ値上げ"。値段はそのままで、1個当たりの容量や重量を減らして販売する方法です。消費者が値上げに敏感に反応することから、企業が増大するコストを価格に転嫁することが難しく、かくれ値上げが増えていると考えられます。調査している銘柄の値段はもちろん、容量や重量が変動した場合も、その分の実質的な価格変動を加味したうえで、指数をつくることとなっています。

▼ かくれ値上げはどうする？

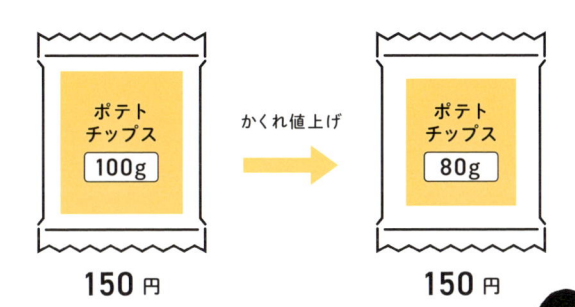

ポテトチップスの品質は変わらず、重量だけが減った場合は、実質的な値上げですね。そこで、重量比で換算して値上がり分を評価し、調整した価格を消費者物価指数に組み込んでいます。

全国約9,000世帯について収入と支出を調査する

消費者物価指数をつくるときは、どのようなモノやサービスを買い物かごに入れるかが重要なポイント。582品目の選定には全国約9,000世帯を調査する「家計調査」が活用されています。

毎月家計簿を記入してもらい、それをもとに調査する

「家計調査」は、世帯の家計の実態を把握するために、総務省統計局が昭和21(1946)年7月から開始した基幹統計のひとつです。以来80年近くにわたって実施されており、都市別や地域別、収入階級別、そのほか世帯の特性による集計結果から、国民の生活の実態を明らかにすることを目的としています。そしてその結果は、国や地方自治体をはじめ、大学、研究機関、企業、労働団体などで幅広く利用されています。

具体的には、消費者物価指数の指数品目の選定及びウエイトの算定のほか、経済政策や社会政策の作成、各種税額控除の検討、生活保護基準の算定、給与基準の改定、消費者行動の分析などに用いられています。

消費者物価指数をつくるのに必要な582品目を選定するのは、「家計調査」が大きな役割を果たしています。物価の変動をできるだけ正確に把握するため、さまざまな商品のなかから重要度の高いものを適切かつ客観的に選ぶため、家計調査で消費者が実際に記入した家計簿の集計結果をもとに、支出額の多い品目を選びます。

家計調査の対象となるのは、全国の168市町村から無作為に選ばれた約9,000世帯。ただし、学生のひとり暮らし世帯は対象外です。

◉ 無作為に選ばれた世帯の家計を家計簿をもとに調査

購入したものを明記する

全国の市町村を、さまざまな特性から168の層（グループ）に分け、各層からひとつずつ選びます。次にその168の市町村から、調査地区を無作為に選び、最後に調査区内の全世帯から調査世帯を無作為に選びます。これを「層化三段抽出法」といいます。

選ばれた世帯には、6か月間（ひとり暮らし世帯は3か月間）、毎日、調査票（家計簿）に買ったモノやサービスの名前と金額を記入してもらいます。調査票への記入は義務とされており、義務を果たさない場合の罰則も統計法で規定されています。ふだん家計簿をつけたことのない人でも対応できるよう、調査員が訪問して記入のしかたを詳しく説明したうえで調査を進めます。

⊃ 日々の収入や支出、現金残高などを記入する

家計簿に記入してもらうのは、日々の収入と支出、購入数量、そして現金残高です。購入数量のデータから食料需給の動向が把握できるため、食料政策を立てるうえでも、重要な基礎資料となります。また、購入数量と支出額から平均購入価格も算出できるので、価格と消費者行動との関係を分析するのにも役立ちます。あわせて世帯の収入や一世帯の人数、貯蓄なども調べます。

日々の支出に加えて世帯の特徴もデータ化することで、国民の生活の実態をより正確に把握することができるのです。

調査員が店を訪問して 小売価格を調査する

家計調査で選ばれた指数品目が実際にいくらで売られているのか。
それを調べるのが「小売物価統計調査」です。調査員が全国の
調査店舗や事業所に出向いて調査を行っています。

消費者物価指数の価格は 小売店で提供しているもの

　消費者物価指数の品目は、家計の消費支出のなかで割合が多いもの
を選んでいます。この選定に利用されているのが「家計調査（→P30）」
でした。しかし、同じモノやサービスであっても、売っている場所や
時期によって値段は異なります。消費者物価指数に組み込むときの価
格は、どのように決めているのでしょうか。

　基準となるのは実際に小売店で売られているときの価格で、調査員
が全国で調査を行っています。このデータをまとめたのが、「小売物価
統計調査」です。調査が始まったのは、戦後混乱期の物価上昇が落ち着
いた1950年6月。その後、2013年1月からは、地域の価格差を調べる
「小売物価統計調査（構造編）」が開始されたことから、<mark>小売価格を調べ
る従来の調査は「小売物価統計調査（動向編）」として位置づけられていま
す。</mark>

　実際に調査を行う地域や小売店は次のように選ばれます。まず全国
1700市町村を人口規模や産業特色などから167の層（グループ）に分け
て、各層から1市町村ずつ選びます。次に167市町村を分割して、576
の調査地区を選定。そして、各調査地区内で「調査品目ごとの販売数量
が多い代表的な店舗」が調査店舗として選ばれます。その数は全国で約
2万7,000店舗。調査地区内で販売数量が多い店舗がディスカウント店

であれば、その価格も反映されることになります。ただし、**短期間の特売価格や棚ざらい、在庫一掃セールなどの特売価格は、原則として調査対象とはなりません。**

　家賃については、167市町村から、約1,200の家賃調査地区を設定し、事業所(不動産会社など)を通じて、各地区内すべての民営借家世帯の家賃を調査します。全国で約2万8,000世帯の家賃が指数に組み込まれています。

毎月同じ銘柄を調査する

　調査員は調査対象である店舗や事業所に赴いて聞き取り調査を行い、専用の端末タブレットで総務省統計局にデータを送信します。

　一般的な品目は、毎月12日を含む週の水曜日・木曜日・金曜日のいずれか1日が調査日となっています。ただ、魚介や野菜、果物、切り花については、旬による価格の変動を把握するために、5日、12日、22日を含む週で各1日ずつ、調査を行っています。

　また、純粋に「価格だけの変動」を把握するために、いつも同じ銘柄を調査するのが原則。そのため、指数品目ごとに、**機能や規格、容量などの特性を規定した「基本銘柄」が決められています。**

　たとえば、ノートであれば、「事務・学用など、普通ノート、(サイズ)6号(179×252mm)、罫入り、中身枚数30枚」、チョコレートであれば「板チョコレート、50〜55ｇ、明治ミルクチョコレートまたはロッテガーナミルクチョコレート」が基本銘柄として定められており、継続してその価格を調べています。

市場の状況などから銘柄を変更することもある

　地域によっては、基本銘柄があまり出回っていないこともあります。その場合は、機能や規格、容量などの特性が基本銘柄に最も近く、その地域の出回り状況から指数品目の価格を代表できるもの、さらに継続的に調査できるものを「調査銘柄」として採用しています。

また、市場における指数品目の出回り状況が変われば、基本銘柄の価格が"指数品目の価格の代表"とはいえなくなるケースも考えられます。

　たとえば、ノートなら罫入りの商品が製造中止になったり、方眼ノートが主流になったりすることがあるかもしれません。そのため、担当者は定期的に市場の出回り状況を調べたり、メーカーや業界から商品に関する情報を集めたりして、現在の銘柄がその指数品目の価格の代表としてふさわしいかどうかを確認しています。結果、不適切だと判断した場合は迅速に銘柄を変更し、より適切な価格の把握に努めています。

モノによってはネットの販売価格を取り入れる

　コロナ禍をへたこともあり、買い物の大半はネットショッピングという人もいるでしょう。総務省の調査によると、ネットショッピングを利用する世帯の割合は2015年に27.6％だったのに対して、2023年には53.5％と急激に伸びています。

　こうした状況を消費者物価指数にも反映すべく、インターネット上の販売価格も採用されています。現在の2020年基準においては、ネット購入割合の高い航空運賃、宿泊料、外国パック旅行費、テレビ、ビデオレコーダー、パソコンなどがあります。各社のウェブサイトから自動的に情報を集めるウェブスクレイピング技術や、家電量販店・ECサイト双方の販売実績データ（POSデータ）が活用されています。

　そのほか、授業料や月謝など店舗ではわからない値段は、市区町村や事業所に聞き取り調査を行っています。

● ネットの販売価格利用例

POS 情報を利用	ウェブサイトの情報を利用
テレビ、ビデオレコーダー	航空運賃
パソコン（デスクトップ／ノート）	宿泊料
タブレット端末	外国パック旅行費　　　など
プリンタ、カメラ　　　など	

◐ 調査は全国の167市町村で行われる

① 全国約2万7,000店での価格調査

魚介・野菜・果物・切り花

↓

5日、12日、22日を含む各週の
水・木・金のいずれか
1日に調べる

日	月	火	水	木	金	土
1	2	3	4	5	6	7
8	9	10	11	12	13	14
15	16	17	18	19	20	21
22	23	24	25	26	27	28
29	30	31				

一般的な品目

↓

12日を含む週の
水・木・金のどれか
1日に調べる

調査員が1品目ずつ
金額を調べていく。

② 全国約2万8,000世帯の家賃調査

③ そのほか市町村での調査や企業での調査

消費構造の変化に合わせて5年ごとに品目を入れ替える

百貨店が相次いで閉店する一方で、コンビニやネット通販が普及。
買い物の場所も内容も時代によって変わります。
社会の変化を反映するため、5年に1回、品目の改定が行われています。

⟳ 世の中の変化とともに基準を変えている

　消費者物価指数は、暮らしに必要なモノやサービスを買い物かごにいれて、その総額の変化をみていくものです。しかし、暮らしに必要なモノやサービスは時代とともに変わっていきます。

　第二次世界大戦後の1955年の家計における消費支出の割合は、食料が45％を占め、次いで被服及び履物となっていました。その後、高度経済成長を通じて人々の暮らしが豊かになると、食料や被服及び履き物の消費支出は低下。教養・娯楽や交通・通信の消費支出が増えています。

　このような消費行動の変化を確実に反映するために、消費者物価指数は定期的に改定が行われています。西暦末尾が0と5の年を基準時として、見直しを行います。これを「基準改定」といいます。直近の基準改定は2020年で、次は2025年です。

　基準改定では、採用する品目やウエイトの見直しが行われます。

　同じ品目でも、調査する銘柄が変わった場合、旧銘柄と新銘柄の品質が同じでなければ、「純粋な価格のみの変動」を長いスパンでみることができません。旧銘柄と新銘柄で機能や容量、重量など品質にちがいがある場合は、特別な計算を施して品質が調整されています。

● 近年中間年見直しに取り込まれたもの

取り込まれた年	品目	取り込まれた品目
2013年1月	スマートフォン	「携帯電話機」「携帯電話通話料」
2014年1月	タブレット端末	「ノートパソコン」「タブレット端末」
2018年1月	加熱式たばこ	「たばこ（加熱式）」「たばこ（輸入品）」

追加品目をみると、時代の変遷を感じますね。このほかにも、2003年には「プリンタ」「インターネット接続料」、2008年には「ビール風アルコール飲料」「家庭用ゲーム機（携帯型）」などが追加されています。

➡ 5年の途中に見直すこともある

近年はインターネットやSNSの普及を背景に、新商品の普及や消費行動の変化のスピードが速くなっています。5年に1回の基準改定では、消費行動の変化を消費者物価指数に正確に反映することが難しくなってきました。

そこで、基準改定後に、世の中に急速に普及した品目が現れた場合などは、基準年を待たずに、品目の追加などを検討しています。これを「中間年見直し」といい、2000年基準時以降から実施されています。

Column

プライベートブランドの商品も調査対象

本来は製造業ではない大手スーパーなどが企画・開発を手掛け、自社のブランドで販売する商品を「プライベートブランド（PB）商品」といいます。調査対象を決めるときには、PB商品かどうかは考慮されません。指数品目ごとに定めた特性とPB商品が合致しており、なおかつ調査店舗における販売数量が最も多ければ、PB商品も当然、調査対象となります。現在の2022年基準では、牛乳、食パン、食用油、果実飲料などの食料品のうち、約7割がPB商品となっています。

昔はあったが
今はない品目
新たに登場した品目

消費者物価指数の指数品目は、5年ごとに見直しされています。
どのようなモノやサービスが追加されたのか、または
廃止されたのかをみると、私たちの生活の変遷がうかがえます。

食料品

まさに生活必需品の代表である食料品。
主食の米以外に麺類、パン、シリアルなどが
指数に含まれている。

1975年追加	2005年追加	2020年追加
もち	カレーパン	シリアル

パンは「食パン」と「あんパン」しかなかったが、2005年の基準改定で「カレーパン」が
追加され、現在は3種類に。2020年の基準改定では「シリアル」も追加。

1975年追加	1985年追加	1985年追加
ゆでうどん	スパゲッティ	中華麺

1970年までは麺類は「そうめん」と「カップ麺」しかなかったが、1975年に「ゆでうど
ん」、1985年に「スパゲッティ」と「中華麺」が追加された。

1990年追加
ブロッコリー

2000年追加
アスパラガス

2020年追加
カット野菜

「ブロッコリー」が指数品目になったのは1990年。2024年には、国民生活にとって重要な指定野菜となった。また、調理時間を短縮したいというニーズの高まりから「カット野菜」や「パックご飯（無菌包装米飯）」が登場。

2000年追加
ジャム

2020年追加
おでん

2020年追加
アボカド

具と汁が袋に入った「おでん」も、調理時間短縮のニーズを満たす商品のひとつ。健康志向の高まりで人気となった「アボカド」は、2020年に追加品目となった。

2000年追加
おにぎり

2005年追加
チューハイ

2005年追加
ひじき

2000年には、コンビニやスーパーの調理商品として定番人気の「おにぎり」が登場。2005年に「チューハイ」「ひじき」が追加された。

2010年追加
いくら

2010年追加
パスタソース

2020年追加
豚肉
（輸入品）

手軽に調理できるレトルトパウチの「パスタソース」は2010年に追加。2020年には「豚肉（輸入品）」が追加され、牛肉も豚肉も国産品と輸入品を分けて調査されるようになった。

家電・日用品

1980年代はエアコンや全自動洗濯機などの家電が登場。
2000年代には携帯電話やインターネット関連が追加された。

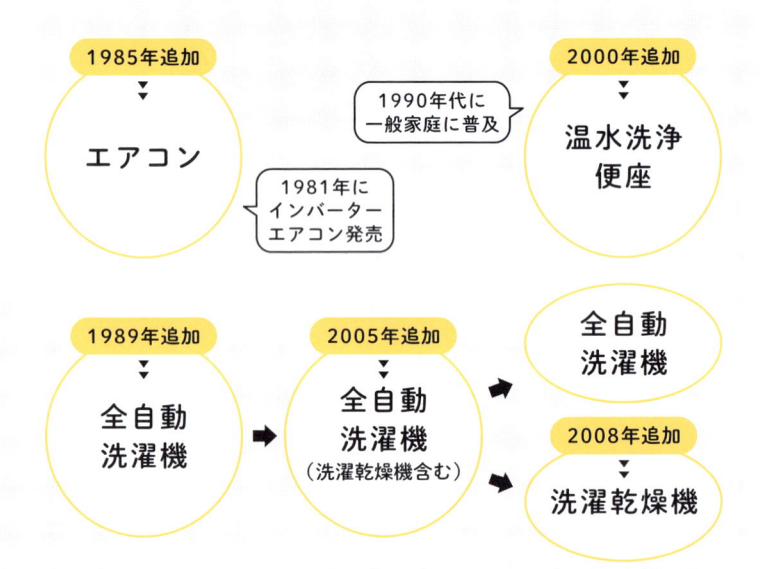

1985年追加
エアコン

1990年代に一般家庭に普及

2000年追加
温水洗浄便座

1981年にインバーターエアコン発売

1989年追加
全自動洗濯機

2005年追加
全自動洗濯機（洗濯乾燥機含む）

全自動洗濯機

2008年追加
洗濯乾燥機

2槽式だった洗濯機は「全自動洗濯機」となり、「洗濯乾燥機」も登場。2005年基準では、全自動洗濯機に洗濯乾燥機が含まれていたが、2008年の基準改定で「全自動洗濯機」と「洗濯乾燥機」に分けられた。

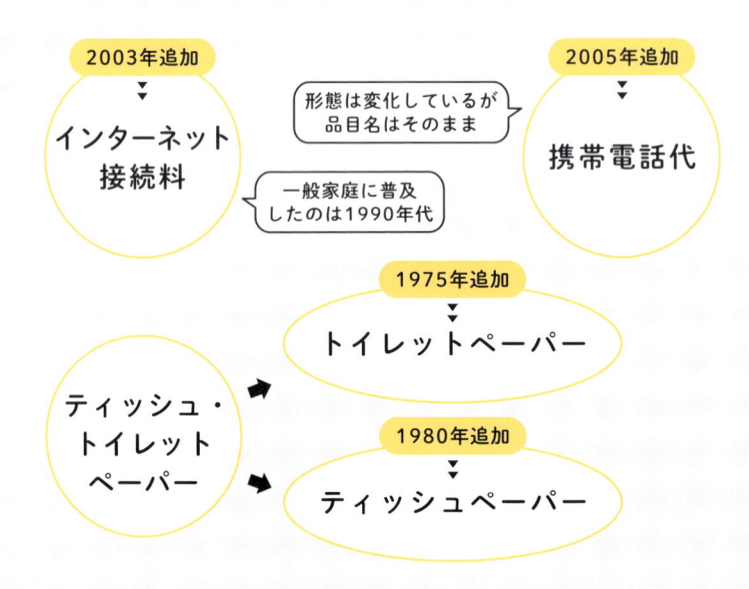

2003年追加
インターネット接続料

形態は変化しているが品目名はそのまま

2005年追加
携帯電話代

一般家庭に普及したのは1990年代

1975年追加
トイレットペーパー

ティッシュ・トイレットペーパー

1980年追加
ティッシュペーパー

余暇

余暇に購入するサービスも、ゴルフ、カラオケ、スポーツ観戦、テーマパークなど、時代とともに大きく変わっている。

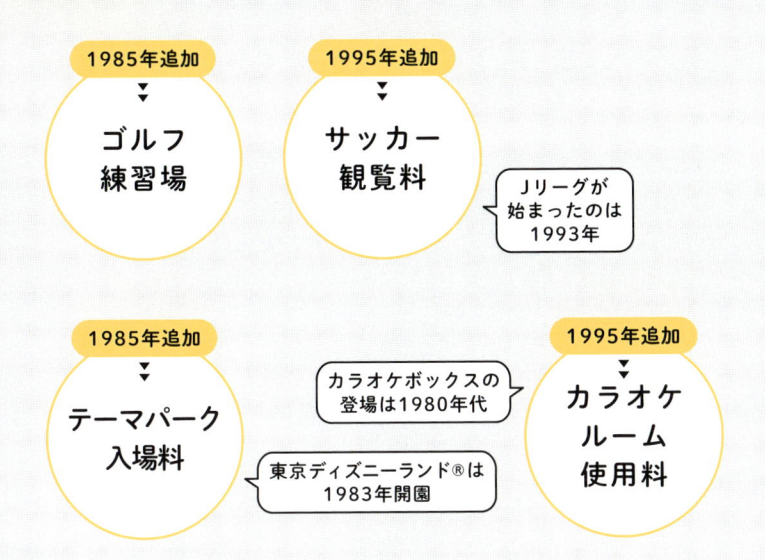

1985年追加
ゴルフ
練習場

1995年追加
サッカー
観覧料

Jリーグが
始まったのは
1993年

1985年追加
テーマパーク
入場料

カラオケボックスの
登場は1980年代

1995年追加
カラオケ
ルーム
使用料

東京ディズニーランド®は
1983年開園

◆ 2000年以降に廃止になった主な品目

ブラウン管
テレビ

ビデオ
テープ

えんぴつ

お子様
ランチ

筆入れ

レモン

ワイン
グラス

オーディオ
記録媒体

家計の支出上、重要度が低くなったり、なくても指数に影響がなかったり、価格収集が的確に把握できなくなった品目が廃止となる。

企業間取引の価格動向がわかる国内企業物価指数

国内における企業間取引のうち、モノの価格を対象にしたのが
「国内企業物価指数」です。企業がどのようなモノを
どのくらいの価格で買っているのかがわかります。

⟳ 消費者物価指数より速報性が高い

　企業向けの物価指数の作成が始まったのは、日清戦争をきっかけとした物価上昇が社会問題となっていた1887（明治20）年。日本銀行が通貨の価値を把握するために、主要な商品の卸売価格をもとに「東京卸売物価指数」をつくったのが始まりです。
　2000年の基準改定時からは、「国内企業物価指数、輸出物価指数、輸入物価指数」の3つを「企業物価指数」として公表。月ごとの速報値が翌月上旬（原則、8営業日）に発表されており、消費者物価指数より速報性が高いのが特徴です。

⟳ 23種類に分かれ、それぞれ指数が出ている

　国内企業物価指数（PPI）は、国内において企業間で取引されるモノの価格の変動を表す指数です。採用された515品目を「工業製品」「農林水産物」「鉱産物」「電力・都市ガス・水道」「スクラップ類」の5つに大きく分けて、さらに23種類に分類。515品目の総平均の各指数をつくっています。対象となる取引全体の額を1,000とすると、最もウエイトが高いのは食料品や金属製品など、いわゆる製造業でつくられる「工業

企業物価指数と消費者物価指数の推移

（前年比 %）

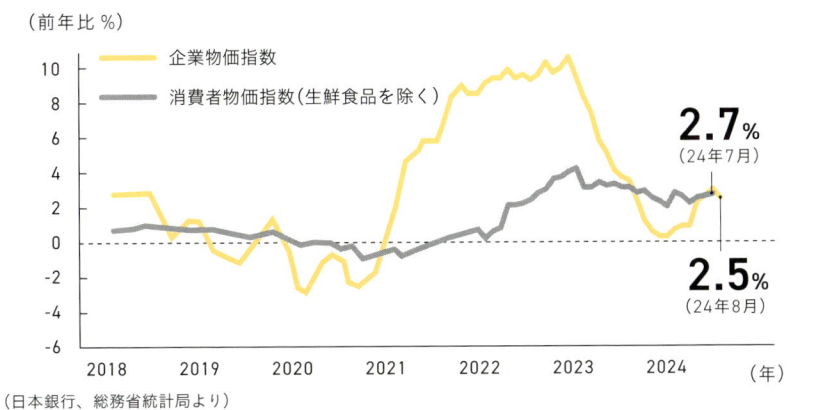

2.7%
（24年7月）

2.5%
（24年8月）

（日本銀行、総務省統計局より）

製品（897.2）」で、続いて「電力・都市ガス・水道（53.1）」「農林水産物（37.3）」「スクラップ類（8.7）」「鉱産物（3.7）」となっています。

国内企業物価指数は5年ごとに改定されており、現在の基準年は2020年です。2020年の改定では、「電子部品・デバイス」において、電気自動車向けの需要が増えている「センサデバイス」が新たな品目として追加されました。

調査は採用品目を生産する企業への聞き取りが中心で、外部データも加えられています。消費税込みの価格で作成されていますが、消費税を含まない価格で作成した指数も公表されています。

国内企業物価指数の対象となるモノの取引額は242兆円で、国内のすべてのモノの取引総額の約92％をカバーしています。

国内企業物価指数の利用目的は主に3つ

1 景気動向を測るための経済指標	**2** 企業間で価格を決めるための参考指標	**3** 消費者物価の先行指標
国内の企業間で取引されるモノの価格は、景気に敏感に反応するため、景気動向を測る重要な指標となる。	国内の企業間で取引されるモノの価格を決める際の参考指標として利用される。	消費者物価よりも川上段階にある物価指数のため、先行指標として利用される。

輸入品・輸出品の価格動向を示す輸出入物価指数

企業間の取引は国内だけにとどまりません。国外のモノを買ったり、国外にモノを売ったりすることもあります。こうした価格変動は「輸入物価指数」「輸出物価指数」から把握することができます。

⤵ 輸入品が日本に入ってくる段階の値段を調査した指数

　日本の企業が外国から買ったモノの価格変動の指標が「輸入物価指数（IPI）」です。採用品目は210品目。通関段階の荷下ろし時点の価格について聞き取り調査を行い、総平均指数と10種の各指数をつくっています。モノの輸入額74兆円のうち、90％の取引をカバーしています。

　対象となる取引全体の額を1,000とした場合、「石油・石炭・天然ガス」のウエイト（全体に占める割合）が213.6と最も大きく、その価格変動が輸入物価指数に強く影響します。次いでウエイトが大きいのが「電機・電子機器（206.7）」「化学製品（108.4）」「金属・同製品（101.6）」です。2020年の基準改定では、新型コロナウイルス感染症の流行拡大で需要が急増した「ゴム手袋」「プラスチック手袋」が追加されています。

⤵ 輸出品が日本から出る段階の値段を調査した指数

　「輸出物価指数（EPI）」は、日本企業が国外に売ったモノの価格変動を表す指数です。採用品目184品目。通関段階における船積み時点の価格データをとりまとめて、総平均指数と7種の各指数を作成しています。モノの輸出額73兆円のうち、90％の取引をカバーしています。

▼ 輸入物価指数の推移

（2020年平均＝100）

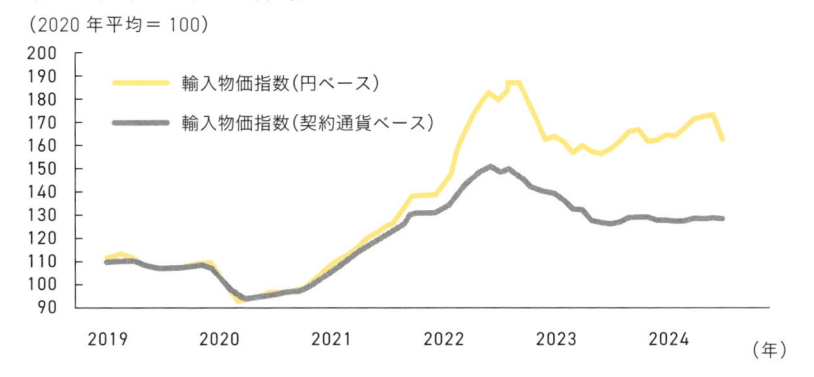

▼ 輸出物価指数の推移

（2020年平均＝100）

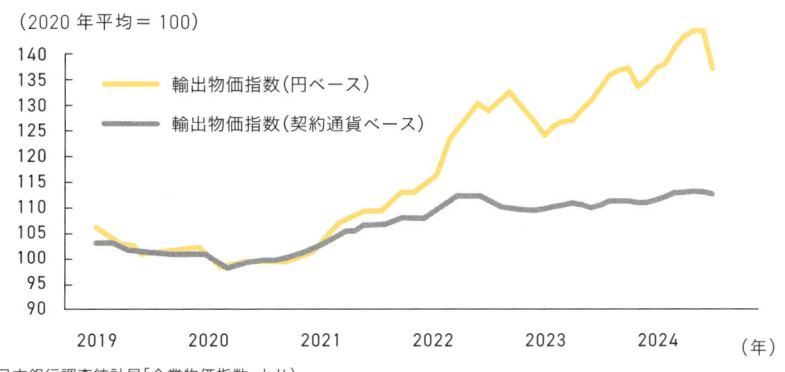

（日本銀行調査統計局「企業物価指数」より）

> コロナ禍に伴う物流網の混乱などで、2020年から2022年にかけて輸入物価指数が2倍近くに上昇しました。円ベース・契約通貨ベースの差が大きくなっているのは、円安の影響です。

　対象となる取引全体の額を1,000とした場合、**最もウエイトが高いのは自動車などの「輸送用機器（269.9）」で、続いて「電気・電子機器（210.2）」、「はん用・生産用・業務用機器（196.5）」となっています。**

　2020年の基準改定では、「触媒」「センサデバイス」が追加、「記録メディア」「プロジェクタ」「太陽電池」などの7品目が廃止されました。

　なお、輸入物価指数・輸出物価指数ともに消費税は含まれておらず、円ベースと契約通貨ベースの指数がそれぞれ作成・発表されています。

1 - 12

企業間取引のサービスのうち国内取引を対象とした企業向けサービス価格指数

建物の清掃サービスや商品の配送、業務のDX化など、
企業もさまざまなサービスを買っています。これらの価格を
指数化したのが「企業向けサービス価格指数」です。

⤷ 経済活動のサービス化に伴い、1991年に新たに登場

　企業間の「モノ」の取引を対象とした国内企業物価指数や輸出入物価指数に対し、**企業間の「サービス」の取引を対象としてつくられたのが、「企業向けサービス価格指数」です。**

　1970年代以降、経済活動全体に占めるサービス産業の比重が増大。企業間で取引されるモノだけでなく、サービスの価格の指数が必要となり、1991年1月から企業向けサービス価格指数が公表されています。5年ごとに改定されており、現在は2020年基準が発表されています。

▼ 企業向けサービス価格指数の利用目的は主に3つ

景気動向を測るための経済指標

企業向けのサービスの価格は景気に敏感に反応するため、景気動向を測る重要な経済指標となる。

消費者物価の先行指標

消費者物価よりも川上段階にある物価指数のため、先行指標として利用される。

価格を決めるための参考指標

企業間の取引において、サービス価格を決める際の参考指標として利用される。

▶ 3つの物価指数を比べてみると

	消費者物価指数	企業向けサービス価格指数	国内企業物価指数
対象	消費者が購入する	企業と企業の間で取引される	企業と企業の間で取引される
価格調査を行う対象	消費者	企業	企業
価格の調査方法	モノとサービスの価格を継続的に	品質が一定のサービス価格を継続的に	品質が一定の商品価格を継続的に
指数の計算方法	ラスパイレス算式	ラスパイレス算式	ラスパイレス算式

企業向けサービス価格指数は企業間で取引されるサービスを対象としますが、郵便や電話など、企業も同様に利用する個人向けサービスは組み込まれています。個人向けと企業向けで価格が異なる場合は企業向けの価格で算出されます。

⟳ 建物の清掃管理や弁護士費用などのサービスの価格を調査

　企業向けサービス価格指数は、企業間サービス146品目を「金融・保険」「不動産」「運輸・郵便」「情報通信」「リース・レンタル」「広告」「諸サービス」の7つに大別して調査しています。全体の総平均指数と7つの大別の指数、より細かく分類した60種の指数がつくられています。

　企業間のサービス取引全体を1,000とすると、ウエイトが最も大きいのが「諸サービス（371.7）」です。清掃や設備管理といった建物サービスや労働者派遣サービス、弁護士などの法務・会計サービスなどがあります。コールセンターのサービスもここに含まれます。

　次に多いのが「情報通信（230.8）」で、ソフトウェア開発や情報処理・提供サービスがあります。そのほか、運輸・郵便（161.7）や不動産（89.9）も高いウエイトを占めています。

消費者物価指数には上方バイアスがある

消費者物価指数には「上方バイアス」がある、
つまり実際よりも高めに出やすいことが知られています。
ＧＤＰデフレーターや参考指数とあわせて動向をつかみましょう。

🔶 基準年でウエイトを固定して計算しているが……

　バイアスとは「先入観、偏り」という意味で、実際よりもデータが上方に偏ることを「上方バイアス」といいます。

　消費者物価指数に上方バイアスがある理由は、そのつくり方にあります。基準年に品目ごとのウエイト（家計の消費支出全体に占める割合）を決めて算出する「ラスパイレス算式」で、現在の基準年は2020年。次の基準年となる2025年までは、2020年に決められたウエイトで算出されるわけです。

　たとえば、米、肉、魚の3つで消費者物価指数をつくるとします。基準年の価格は3つとも100円、ウエイトは米5、肉3、魚2に決めたとしましょう。翌年、肉だけが一気に300円に上がったとすると、消費者物価指数は「100×5＋300×3＋100×2÷(5＋3＋2)」から、「160」となります。基準年の100から6割も物価が上昇したということになるのです。

　しかし実際、肉が一気に値上がりしたら、私たちは肉を減らして、米や魚を多く買うはずです。ウエイトが「米6、肉1、魚3」になれば、消費者物価指数は「120」ですね。このような消費構造の変化は、ウエイトが固定されていると、指数には反映されません。そのために上方バイアスが出やすく、基準改定時に消費者物価指数が下方修正される

● ラスパイレス固定基準方式と連鎖基準方式

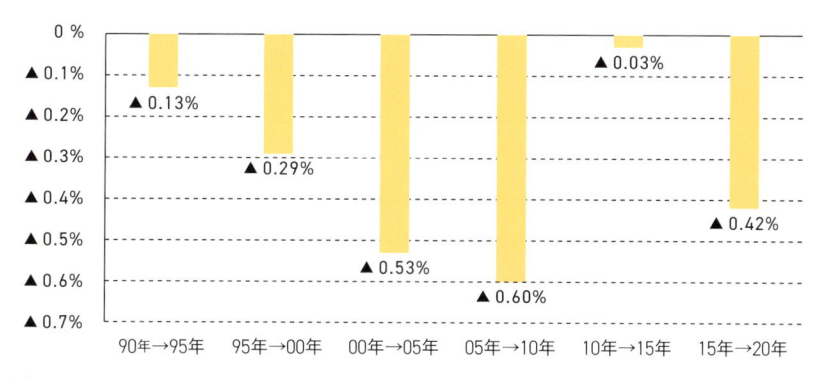

5年間固定	2023年に	消費者物価指数には反映されない
2020年基準 りんご1個100円	1個80円のりんごを 4個買う	ラスパイレス指数（→P22）による（固定基準方式） ……たくさん買ってもウエイトはかわらないので、「今」とかけ離れることに

毎年の消費構造の変化を反映させるために
連鎖基準方式の参考指数も公表している

● 消費者物価指数の基準改定による改定幅（総合・前年同月比）

```
  0 %
▲ 0.1%        ▲ 0.13%                    ▲ 0.03%
▲ 0.2%
▲ 0.3%              ▲ 0.29%
▲ 0.4%
▲ 0.5%                                        ▲ 0.42%
▲ 0.6%                    ▲ 0.53%
▲ 0.7%                          ▲ 0.60%

      90年→95年 95年→00年 00年→05年 05年→10年 10年→15年 15年→20年
```

(注)各改定年次翌年1〜6月の差（新基準・前年同月比−旧基準・前年同月比）の平均値

新しい基準（現在なら2020年）が発表されると、それまでの基準は
年がたつにつれて上方バイアスができやすく、下方修正されます。

ことがよくあります。

　もうひとつ、物価の動向を表す指標には、「GDPデフレーター（→P
50）」がありますが、こちらは消費者物価指数よりも低めに出ます。その理由としては、家計消費だけでなく設備投資なども対象であること、また、毎年のウエイトを更新する「連鎖方式パーシェ価格指数」を採用していることがあげられます。

1 - 14

GDPデフレーターは物価動向を把握するための指標のひとつ

「GDPデフレーターなんて聞いたことがない」という人が
多いかもしれませんが、これも物価の重要な指標のひとつです。
消費者物価指数とのちがいをおさえておきましょう。

⊃ GDPデフレーターとは何か

「GDPデフレーター」は内閣府経済社会総合研究所から四半期[*1]に1回発表されている「GDP統計」に含まれる経済指標です。消費者物価指数（→P22）や国内企業物価指数（→P42）、企業向けサービス価格指数（→P46）などと同じく物価の動向を表す指標のひとつで、基準年の物価が100としています。**物価が上昇すればGDPデフレーターが上昇し、物価が下降すればGDPデフレーターも下降します。**

しかし、GDPデフレーターは消費者物価指数とは異なる動き方をすることが知られています。その大きな理由は、GDPデフレーターが対象とするモノやサービスの値段が、消費者物価指数とは異なるからです。

まずは消費者物価指数のつくり方のおさらいをしておきましょう。私たち消費者が、暮らしに必要なモノやサービスをすべて買い物かごに入れた場合の1年間の総額を調査します。その総額を、ある年を基準に指数化し、物価の変動を表したのが消費者物価指数です。ポイントは、「消費者」が買ったモノやサービスの物価変動をみているという点です。

一方、**GDPデフレーターは「GDP（国内総生産）」から算出されるもの**

[*1] 四半期／1年を4つに分割したときの「1〜3月、4〜6月、7〜9月、10〜12月」の各3か月を四半期と呼ぶ。

で、「国内で生み出されたすべてのモノやサービスの付加価値」を対象としています。消費者が買ったモノやサービスだけでなく、企業が新しい工場をつくったときや政府が発注した公共事業の支払額、輸出入の価格もGDPデフレーターに反映されます。消費者物価指数に比べて、より広い範囲の物価変動をとらえるものだといえるでしょう。GDPデフレーターは消費者物価指数に比べて低めに出やすいのが特徴です。

では、GDPデフレーターはどのように算出するのでしょうか。

消費者物価指数（CPI）の算出方法はラスパイレス（→P22）という指数を使った算式で、ある特定の年を基準にして算出し、高めに出るのが特徴です。GDPデフレーターは「連鎖方式パーシェ価格指数」という前年を基準年として、それらを毎年積み重ねる方法をとっています。そのため、消費者物価指数は上がっているのに、GDPデフレーターは下がっていることがあります。

ちなみにGDPデフレーターの発表は四半期に1回で、各月の動向が把握できないこと、公表のタイミングが遅いことから、物価の動向を敏速に把握するのに使うには向いていないといわれています。

⊙ GDPとはモノやサービスの付加価値の合計のこと

GDPデフレーターは「名目GDP÷GDPデフレーター＝実質GDP」という関係があります。GDP、名目GDP、実質GDPと同じような言葉がたくさん出てきて、混乱してしまいますよね。GDPから順に説明していきます。

GDPは「Gross Domestic Product」の頭文字をとったもので、日本語では「国内総生産」といいます。一定の期間内に国内で生み出された付加価値のことをさし、一般に、その国の経済活動の大きさを表す指標として用いられています。

たとえば1個200円のパンをつくって売った場合、小麦などの原材料費が100円なら、付加価値は200－100で100円。大まかに「儲け（粗利）」と考えておけば大丈夫です。一定期間内に国内で生み出されたすべての儲けを合計したものがGDPです。企業や商店、個人事業主の儲

けも、貿易による国の儲け（輸出ー輸入）もすべて含まれます。国内に住む外国人が稼いだ儲けは含まれますが、海外で活躍する日本人が生み出した儲けはGDPには含まれません。

➲ 名目GDPと実質GDPとは何か

GDPは国の経済活動の大きさを表す指標とされていますが、より正確な状況を把握するためには、物価の影響を考えなければなりません。

物価が2倍になれば原材料も儲けも2倍になるので、単純にGDPも2倍になります。けれども、お金の価値は下がっているので、実質的に儲けが増えたとか国の経済活動が大きくなったとはいえないからです。

そこで「名目GDP」と「実質GDP」に分けて考えます。**名目GDPは、実際に市場で取引される価格に基づいて、付加価値（儲け）を算出したものです。一方、実質GDPは、基準とする年からの物価の変動分を除いて算出した付加価値の合計**をいいます。

➲ 名目・実質GDPと価格変動の関係

名目GDPと実質GDPのごくシンプルな例をあげてみましょう。基準となる年に1個200円のパンを500個売り上げました。これが国内すべての付加価値だとします。原材料費は1個につき100円とした場合、GDPは「（200ー100）×500」で「50,000円」となります。基準となる年は、名目GDPも実質GDPも同じです。

翌年になると物価が上がり、パンの値段は1個220円、原材料費は110円となりました。売上は前年と同じく500個です。この場合の名目GDPは「（220ー110）×500」で「55,000円」です。実質GDPはどうなるかというと、物価変動の影響を取り除くので、パンも原材料費も基準となる年と同じ価格で計算します。つまり、「（200ー100）×500」なので、実質GDPは「50,000円」です。名目GDPは5,000円増えていますが、実質GDPは変わりません。GDPデフレーターは「名目GDP（55,000）÷実質

❷ 消費者物価指数とGDPデフレーターの関係

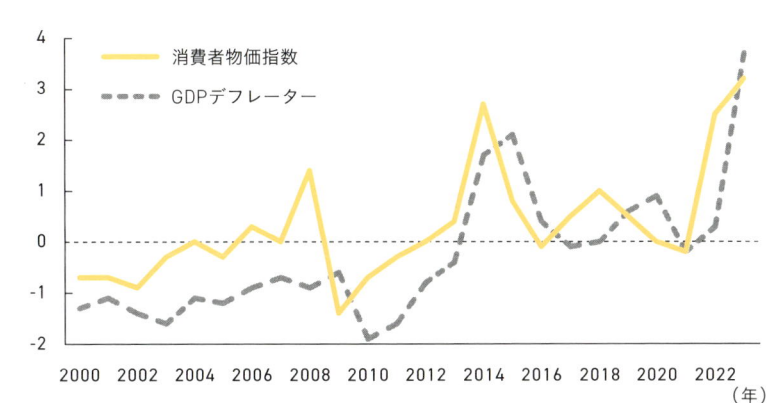

（総務省「消費者物価指数」、内閣府「国民経済計算（GDP統計）」より）

2000年以降、GDPデフレーターはマイナスで推移し、消費者物価指数との乖離が目立ちます。原油高などによる輸入額の増加が企業の収益を圧迫し、GDPデフレーターを押し下げたと考えられます。その後、次第にコストの価格転嫁が進んだことで、2014年以降はほぼプラスでの推移となりました。

GDP（50,000）」から、「110」なので、物価は上昇傾向だとわかります。

　次に、物価が下がった場合を考えてみましょう。パンの値段は1個180円となり、原材料費は90円となりました。売上は500個のままなら、名目GDPは「（180－90）×500」で「45,000円」です。けれども実質GDPは基準年の価格で考えるので「（200－100）×500」から、「50,000円」となります。GDPデフレーターは「名目GDP（45,000）÷実質GDP（50,000）」から「90」で物価は下降傾向にあることがわかります。

　このように、**物価が上がっているときは「名目GDP成長率＞実質GDP成長率」、物価が下がっているときは「名目GDP成長率＜実質GDP成長率」**という関係があります。なお実質GDPは「名目GDP÷GDPデフレーター」でも求められます。

物価には地域格差がある

「都会は物価が高く、地方は安い」とよくいわれますが、
地方のほうが高いモノやサービスもあります。
地域による物価の差はどのように生まれるのでしょうか。

需要と供給を考えて地域ごとに値段が決まる

販売者がモノやサービスの値段を決めるとき、そのベースとなるのは「コスト」です。まずは原料費や人件費、輸送費などのコストを回収しなければならないからです。そこに"儲け"をのせて値段を決めます。

コストが低ければ、低い値段で売ることができます。その地域でとれる魚や野菜が安く売られているのは、輸送費や保存管理費、中間業者の手数料といったコストが少なくてすむから。その他の地域で同じものを売るとなると、より高い値段をつけなければコストを回収することができません。

もうひとつ、**コストとともに価格決定に重要な要素が、需要と供給のバランスです。**売りたい人より買いたい人が多ければ、より多くの儲けをのせることができます。コストも、需要と供給のバランスも、地域によってちがいますから、価格差が出るのは当然のことなのです。

人口が少ない地域だと低くなりがち……

需要と供給のバランスは、さまざまな要因に左右されますが、そのひとつが人口です。人口が少ない地域では、人口が多い地域に比べると需要は小さくなります。しかし、人口が少なくて競合店も少ない地

◉ 地域格差がおこる理由

魚を例にとると

地元では
1尾 100円　＋　（輸送費 人件費 保存費など）　＝　その他の地域では **1尾 400円**

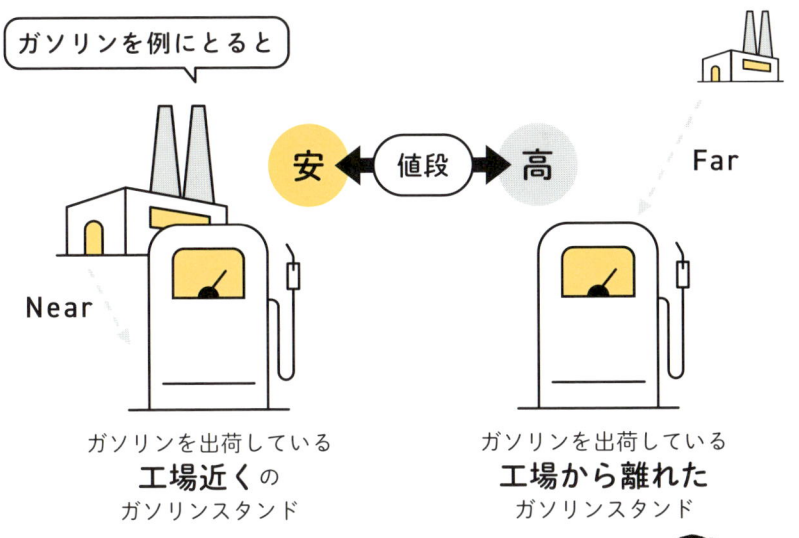

ガソリンを例にとると

安　◀　値段　▶　高

Far

Near

ガソリンを出荷している
工場近くの
ガソリンスタンド

ガソリンを出荷している
工場から離れた
ガソリンスタンド

価格の差はコストの差から生じます。出荷場所から遠く離れている地域ほど輸送コストがかさむので、小売価格は高くなります。人件費や家賃の高い都会では、その分のコストも大きくなります。

域であれば、消費者は限られた店舗で買わざるを得ません。したがって、食料品や日用品、ガソリンなどの生活必需品なら多少高くても売れるでしょうが、高くなりすぎるのも問題。人口の多い都会に比べ、人口の少ない地域は賃金が低いという「賃金の格差」もあるからです。

全国同一価格から地域別価格の導入へ

地域によって、コストや需給バランスが異なることはわかっていても、全国展開している外食チェーン店は「全国同一メニュー、同一価格」が当たり前でした。全国どこでも同じものが同じ価格で食べられるというのは、消費者にとっては安心材料であり、ブランドイメージの浸透にもつながっていました。

しかし、日本マクドナルドは2023年7月から、全国3,000店舗のうち、東京や大阪、名古屋などの都心部にある184店舗で値上げを実施。近年のエネルギー価格や原材料の高騰で増大したコストの価格転嫁に踏み切ったのです。そのほかにも、大手ファミリーレストランや大手回転寿司チェーン店でも、同じような地域別価格設定が導入されています。需要と供給のバランスがどうなるか、消費者の反応が注目されています。

**都内でも地方でも同じものが
100円で売っている100円ショップ。なぜ?**

多数の店舗を持つ100円ショップは、同じモノを一度に大量に仕入れたり、安く生産したりすることで、仕入値をギリギリまで下げることができます。商品は卸売業者を通さず、工場や倉庫から直接店舗に運ばれるので輸送費もカット。また、ほぼすべてのモノが100円なので値札をつける必要がありません。レジ作業もラクなので、少人数で店舗を回せるため、人件費を削減できます。

さらに“100円ショップの商品”であること自体が宣伝となるのも大きな強みです。SNSで商品が話題になることも多く、高い広告費をかける必要がありません。このようにコストを抑えられることで、「どこでも100円」を実現しているのです。

第2章

物価を動かす要因

監修：斎藤太郎（ニッセイ基礎研究所 経済研究部 経済調査部長）

2-1

物価上昇を引き起こした ふたつの主な要因とは

モノやサービスの値段は需要と供給のバランスで決まるのが原則。
しかし、供給や金融のネットワークが複雑に発達した
現代の世界経済においては、さまざまな要因で物価が上昇します。

⇨ 原油高、円安などが主な要因

2023年1月の消費者物価指数（生鮮食品を除く総合指数）は、前年同月比で4.2％上昇しました。この上昇幅は1981年8月以来、約40年ぶりの水準となりました。

なぜこれほど物価が上昇しているのか、消費者物価指数の寄与度（→P25）をみると、**2021年春から2022年秋にかけて最も大きかったのはエネルギー価格です。**コロナ禍からの世界経済の再開に伴う原油の需要が世界的に高まったこと、ロシアのウクライナ侵攻を受けて、ロシア産原油の禁輸により供給不足になったことから、原油価格が高騰したのです。原油価格の高騰は、幅広いモノやサービスの値上げにつながります（→P68）。

原油をほぼ輸入に頼る日本は、原油価格が高騰していても購入量を減らすわけにはいきません。さらなる打撃となったのが、**海外との金利差による円安です。**欧米、特にアメリカでは景気回復によるインフレが日本以上に進みました。アメリカはインフレを抑えるため高金利政策をとったので、金利差で儲けようとする人々のドル買い・円売りが盛んになり、円安が進んだのです。円安はほぼすべての輸入品の値上がりにつながります。企業の輸入コストが円安によって増大した分の値上げが広がり、家計を直撃することとなったのです。

● 近年の物価上昇の主な要因

1

**燃料、
資源エネルギーの
高騰**

ロシアのウクライナ侵攻などの影響を受け、原油価格が高騰している。そのため、原油を利用してつくられるモノの値段が高騰している。

2

**円安による
輸入コストの
増加**

円安で企業の輸入コストが上がった分、モノやサービスの値段に転嫁されている。

➡ 物価上昇によるコスト増を 価格転嫁することで、企業は儲かっている

　一般に需要の拡大によってモノやサービスの値段が上がって、企業の儲けが増えれば、賃金が上がるようになるはずです。消費者が多くのモノやサービスを欲しがることで物価が上がる、いわゆる好景気の状態です。

　近年モノやサービスの値段が上がったのは、資源エネルギー価格の上昇や円安による輸入コストの増加によるものです。輸入コストの増加は企業の利益を圧迫しますが、それを価格転嫁することで、現在企業の儲けは増えています。

2 - 2

景気は物価を動かす
いちばんの要因

経済活動が活発で景気がよいときは、モノやお金の動きがよくなり、
物価も上がりやすくなります。不況も好況もずっとは続きません。
現在の景気の波はどのように判断されるのでしょうか。

⟳ 景気とは売買や取引などの経済状況のこと

　広辞苑（第7版）で「景気」という言葉を調べると「様子、けはい、あり
さま」が第1の意味としてあげられていますが、経済では「売買や取引
といった経済活動のありさま、元気のよさ」を表す言葉として使われて
います。ただ「景気がよくなったといわれても、自分の給料は変わらな
い」と思う人も多いかもしれませんね。景気は、世間全般の経済活動の
動向について表すもので、個人の状況とは別モノです。日本中が好景
気にわいているときでも、商売がうまくいかずに倒産してしまう会社
もあれば、不況のさなかに業績を順調に伸ばしている会社もあります。

⟳ 景気にはふたつの見方がある

　景気には波があり、よいときと悪いときを繰り返すことが、世界経
済の歴史から明らかになっています。これを「景気循環」といいます。
　現在の景気を分析する際には、ふたつの見方があります。
　ひとつめは、景気の波の「方向」に着目する見方です。経済活動が最
も停滞している「谷」から、経済活動が最も活発になった「山」にかけて
を「景気拡張（回復）期」、「山」から「谷」にかけてを「景気後退期」と呼ん

◗ 景気には山や谷がある

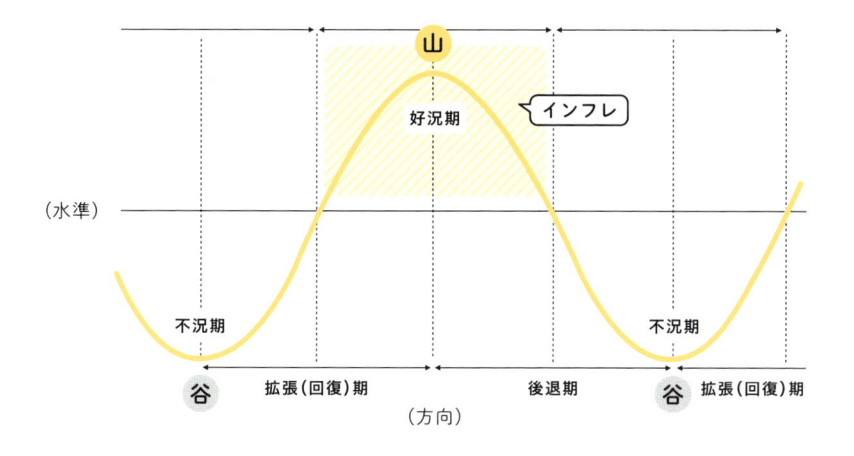

景気は、方向性でみると「景気拡張（回復）期」から「景気後退期」の波、水準でみると「好況期」と「不況期」の波があります。したがって「好況だけど景気後退期」や、「不況だけど景気拡張期」もあるわけです。ふたつの見方を理解しておきましょう。

でいます。時間軸に沿って、景気がよくなっているのか、悪くなっているのか、という波の変動のしかたをみているわけですね。

もうひとつは、経済活動の「水準」に着目するものです。平均的な経済活動の水準を想定し、それよりも上のときは「好況期」、下のときは「不況期」と判断します。こちらは、景気がいいのか、悪いのかをとらえる見方です。私たち消費者は、この水準による見方のほうが景気の体感に近いかもしれません。

需要と供給のバランスで考えた場合、供給より需要が多いときは平均よりも経済活動が高くなるので、好況期といえます。モノやサービスを欲しい人がたくさんいるので、インフレも起こりやすくなります。

⊙ 好景気か不景気かは誰が判断する？

　現在の景気の状態については、政府が毎月、公式見解を発表しています。「月例経済報告」といって、景気に反応するさまざまな指標や企業へのヒアリングから総合的に判断し、関係閣僚会議で承認を得て公表されるものです。**2024年8月の月例経済報告では「一部に足踏みが残るものの、緩やかに回復している」との判断でした。**"ノロノロ運転で止まることもあるけど、いい方向には向かってるよ"といった感じでしょうか。ただ、これは政府の立場からの見解であって、経済活動の実態や景気循環とはズレがあるという声も少なくありません。

　景気循環については、内閣府経済社会総合研究所が「景気基準日付」を発表しています。経済学者たちが「景気動向指数[*1]」などの経済指標に基づいて議論を重ね、景気の山や谷がどこにあったのかを判断するものです。日本では第二次世界大戦後から16回の景気循環がありました。

　しかし、後追いで、数年後に発表されるので、現在の波の方向を正確に把握するのはなかなか難しいようです。景気判断に用いられる指標には景気動向指数のほか、「日銀短観[*2]」「鉱工業指数[*3]」「GDP統計」などがあります。

⊙ 景気がいいとお金の動きも活発になる

　供給より需要が多いとき、つまり好況期は、モノやサービスがよく売れるので、企業は増産を考えます。工場や店舗を新たにつくったり、雇用を増やしたりするでしょう。企業の儲けが増えれば、賃金やボーナスもアップします。倒産やリストラの不安もなくなれば、消費者の財布のヒモも緩んで「車を買い替えようか」「そろそろ家を買おうか」など、積極的に買い物をするようになるはずです。こうして、お金の動

---

*1 景気動向指数／生産・雇用など、重要な経済活動で景気に敏感に反応する指標を統合した指標。
*2 日銀短観／全国1万社の企業を対象に、企業動向を的確に把握し、金融政策の適切な運営を助けることが目的。
*3 鉱工業指数／国内の鉱業と製造業がどれくらいモノを生産・出荷し、どれくらい在庫として抱えているかの指数。

きが活発になると、景気の波がさらに上向きに上っていきます。

　逆に、需要より供給のほうが多い不況期には、モノやサービスがなかなか売れません。売れ残りを避けるために企業は値段を下げますが、儲けも減るので、工場や店舗を増やしたり、人手を増やしたりしにくくなります。労働者の賃金も上がらないので、世の中にお金が回らない状況に陥ってしまいます。日本は長くこの状況にありました。

　景気やお金の動きは、国内外の要因で変動します。最近では新型コロナ感染症の流行で、需給バランスやお金の動きが大きく変動しました。私たちのお財布事情は、世界中のできごととつながっているのです。

Column

コロナ禍では極端な需要過多に

　2020年以降、新型コロナウイルス感染症拡大を防ぐために、世界各国は相次いでモノや人の流れを制限しました。需要の急激な減少によって企業の業績が悪化し、製造業や物流業、小売業、宿泊・飲食業などで解雇や雇い止めが増加します。ところがその後、経済活動が徐々に回復すると、今度は急激な需要の増加に供給が追いつきません。特にアメリカでは人手不足が著しく、サプライチェーンの混乱から国際商品市況の高騰を引き起こしました（→P72）。

世界的にコロナショックで需要が激減！

↓

供給を減らすことに

・工場や生産ラインを止める・減らす

・流通や輸送を減らす・止める　など

↓ 　数年後コロナが落ち着いてくると

急に需要が増え、需要と供給のバランスが崩れる

↓

モノの値段が上がる

アメリカではコロナ禍のロックダウンに伴って、大規模なレイオフ（一時解雇）やリストラが実施され、失業率は一時期15％まで急激に上昇しました。

為替レートが物価に与える影響

「為替レート」とは通貨と通貨を交換するときの比率のことです。
国境を越えてモノやサービスが売買されている現代において
為替レートは物価に大きな影響を及ぼします。

為替相場は需要と供給のバランスで決まる

「外国為替相場」とは、円とドル、ドルとユーロなど、ある国と別の国の通貨を交換するときの交換比率のことで、「為替レート」ともいいます。「1ドル＝150.63円」なら、1ドルを150円63銭で交換するということです。ほかのモノやサービスと同じように、通貨も基本的には欲しい人と売りたい人とのバランスで交換比率が決まります。

　たとえば、アメリカ企業との取引なら基軸通貨[*1]であるドルが必要なので、円を売ってドルを買います。日本に来る旅行客は円をもっていたほうが便利なので、自国の通貨を売って円を買います。

　また、通貨の売買そのもので儲けようとする人もいます。ある通貨が安いときに買っておいて、その通貨が欲しい人がたくさんいるときに高値で売ることができるからです。世界各地で24時間、取引を行い、そのバランスで為替レートは刻一刻と変動しているのです。

　円安ドル高になると輸入物価が上がります。そうすると国内のインフレにつながります。逆に円高ドル安になると、輸入物価が下がり、国内のデフレにつながります。

[*1] 基軸通貨／世界の通貨のなかで最も中心的な位置にある通貨のこと。第二次世界大戦以前はイギリスのポンドだったが、現在は米ドル。

→ 以前よりドルが多く買えると円高、以前よりドルが多く買えないと円安

円高か円安かというのは"ある時期の為替レートと比べてどういう状態か"を判断しているだけ。良し悪しを評価するものではありません。

一般に円安か円高かは、機軸通貨であるドル（米ドル）に対する相対的価値で考えます。**"1ドル＝○○円を超えたら円高というような明確な基準はありません。ある時期と比較して、円安か円高かを判断します。**

◆ 円安・円高とは？

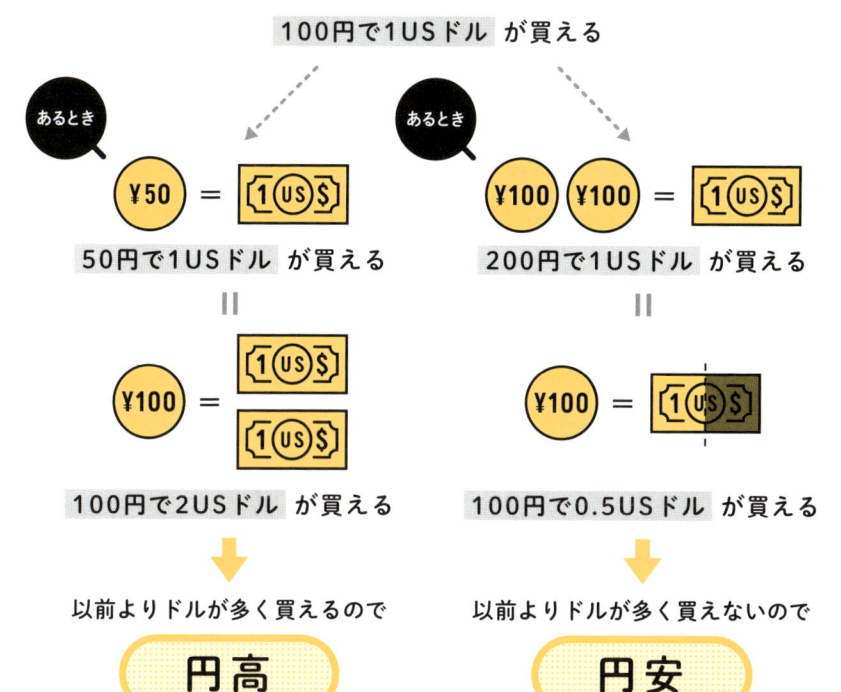

あるとき **¥100** = **1 US $**

100円で1USドル が買える

あるとき **¥50** = **1 US $**

50円で1USドル が買える

||

¥100 = **1 US $** / **1 US $**

100円で2USドル が買える

↓

以前よりドルが多く買えるので

円高

あるとき **¥100 ¥100** = **1 US $**

200円で1USドル が買える

||

¥100 = **1 US $**

100円で0.5USドル が買える

↓

以前よりドルが多く買えないので

円安

「1ドル＝100円」だったのが、「1ドル＝50円」になった場合を考えてみましょう。100円から50円に下がっているので、一見、円安になったように思えますが、「円の相対的価値」で考えるのがポイントです。

海外旅行で10,000円をドルに交換すると、1ドル＝100円のときは100ドルになります。1ドル＝50円になれば、2倍の200ドルと交換できます。これまでより多くのドルと交換できる、つまり円の相対低価値が高くなっているので、「円高」になったといえます。

では「1ドル＝100円」だったのが「1ドル＝200円」になったら、どうなるでしょうか。同じく10,000円をドルに交換しても、半分の50ドルにしかなりません。交換できるドルが少なくなった、つまり円の相対的価値が低くなっているので、「円安」ということに。**1ドル換算の円の金額の増減と、円高・円安は逆になると覚えておくとよいでしょう。**

第二次世界大戦後の長い間、日本の円は「1ドル＝360円」で固定されていました。当時はドルが圧倒的に強く、円の相対的価値が低かったのです。1973年に変動相場制に移行してからは、円の相対的価値は長期的に上昇傾向にありました。つまり円高が進んだということ。過去最高の円高は、2011年10月に記録した「1ドル＝75円32銭」です。

🔄 家計にとっては円安はデメリット？ 企業にとっては？

近年は急激に円安が進行し、2024年4月には1ドル＝160円台という、約34年ぶりの安値をつけました。原油や小麦などを輸入に頼る日本では輸入物価が高騰。2022年以降に食品の値上げが相次いでおり、家計を圧迫しています。賃金がそれほど上がらないなかでの値上げラッシュに、生活が苦しくなったと実感した人も多いでしょう。

一方、自動車や精密機器などの輸出型企業は、円安のメリットを受けて業績が押し上げられました。輸出で稼いだドルを日本円に換算するとき、当初の想定以上の円安で為替差益[2]が加わったからです。ただ、以前に比べて円安のメリットは小さくなったとの指摘もあります。

---

*2 為替差益／為替レートの変動によって得られる利益のこと。変動による損失は為替損益という。

❖ 円安と円高の主なメリット&デメリット

 **円安** 個人　 企業

	メリット	
・雇用が増える ・賃金が上がる ・株の値段が上がる		・輸出額が増えて（モノが高く売れて）収益が上がる（売り上げも上がる） ・インバウンドの需要が上がる ・外国株式の配当や外国債券の利息の受取額が円換算で増える ・株の値段が上がる

	デメリット	
・海外旅行の旅費などが高い ・輸入品が高い ・物価が上がり実質的な所得が減少する ・電気代やガス代なども高くなり、生活を圧迫するかも		・買値が高くなるため輸入は不利になる

インフレになる

 **円高** 個人　 企業

	メリット	
・輸入品が安く買える ・海外旅行に安く行ける ・物価が下がり実質賃金が増える		・石油などの資源エネルギーが安く買える ・円の購買力が高くなる ・輸入コストが下がり、利益が増える

	デメリット	
・景気が悪くなり、賃金が減る ・失業する可能性が高くなる ・株の値段が下がる		・輸出する商品が値上がりして輸出量が減り、経済に悪影響を及ぼす ・海外で稼いだ外貨を円に換えると目減りする ・株の値段が下がる

デフレになる

短期的にみると、個人（家計）にとっては、海外旅行や輸入品が安くなる円高のほうが、メリットがありそうですね。企業の場合は、円安なら輸出型企業、円高なら輸入型企業のメリットが大きくなります。

原油価格の高騰による物価への影響

世界で最も重要な商品といえば「原油」かもしれません。
プラスチックや衣料品、化学薬品、肥料、燃料など、あらゆるものに
使われています。原油価格の変動は物価に大きな影響を及ぼします。

🔄 日本は原油のほとんどを輸入している

　エネルギー資源に乏しい日本は、原油の約99.7％を輸入に頼っています。輸入先は主にサウジアラビアやアラブ首長国連邦、クウェート、カタールなどの中東地域です。2021年度の日本の原油輸入量全体に占める中東地域の割合は92.5％で、諸外国に比べて中東依存度が非常に高いのが特徴です。

　一時期は中国やインドネシアからの原油輸入を増やしたことで中東依存度が下がりましたが、中国国内や東南アジア諸国での原油需要が高まると輸入量が減少し、中東依存度は今も高い水準が続いています。

🔄 原油高に円安が重なるとより価格が高騰する

　コロナ禍で世界経済が停滞すると、原油の需要は急激に減少しました。2020年4月20日にはWTI原油先物価格[*1]がマイナス37.63ドルという値をつけました。これは売り手が買い手にお金を支払って、原油を引き取ってもらうことを意味します。急激な原油需要の落ち込みで、

---

*1 WTI原油先物価格／アメリカの代表的な原油価格の指標。

● 1バレル*2あたりの原油取引価格

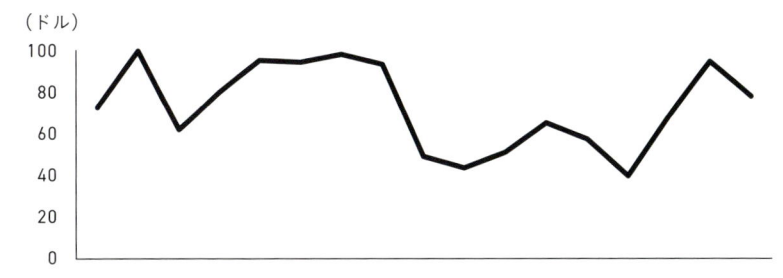

（一般社団法人エネルギー情報センター「コモディティ統計情報」より）

2015年、新興国の原油需要の低下やアメリカのシェールオイル増産などを背景に、原油価格は急落。その後、コロナ禍からの世界経済の回復とともに高騰しています。原油価格の変動は、さまざまなモノやサービスの値段に反映されます。

原油価格が
上がる　→

石油を使っている
モノの値段が上がる

企業のコストが
上がる

物価に影響が出てくることも

貯蔵コストが跳ね上がる恐れから生じた前代未聞の異常事態でした。

　その後は世界経済が少しずつ回復するとともに原油需要が高まり、原油価格は上昇します。さらなる高騰のきっかけとなったのが、ロシアのウクライナ侵攻です。欧州諸国がロシアからの原油や天然ガスの輸入を制限したことで、ほかの産油国に対する需要が一気に高まったのです。

　日本でさらなる痛手となったのが、昨今の円安です。ドルベースの原油価格が高騰した上に円安となったので、円ベースの値段がさらに上がってしまったのです。**高騰した原油をドルで買うために、日本企業は多くの円を売らなければなりませんでした。**

----

*2 1バレル／原油や石油の量や体積を表す単位で「bbl.」と表記する。1バレル＝158.98Lで、おおよそ159Lや160Lで計算される。

▽ 石油が使われるモノとその割合

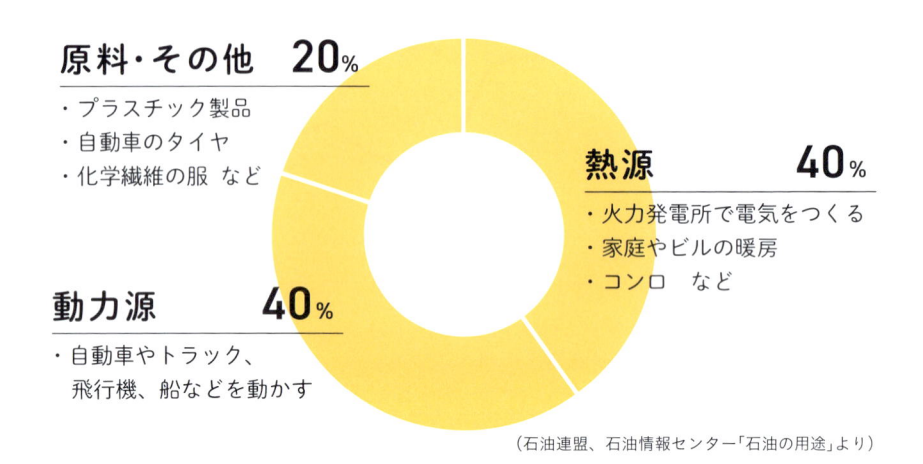

原料・その他　20%
・プラスチック製品
・自動車のタイヤ
・化学繊維の服　など

熱源　　　　　40%
・火力発電所で電気をつくる
・家庭やビルの暖房
・コンロ　など

動力源　　　40%
・自動車やトラック、
　飛行機、船などを動かす

（石油連盟、石油情報センター「石油の用途」より）

石油の用途としては、熱源と動力源が80％を占めている。また、プラスチック製品や化学薬品、肥料などの原料としても用いられている。特に、鉄鋼業、化学分野、紙・パルプ分野、窯業・土石業は、原料や熱源として石油を使う割合が高い。

⟳ 石油を使ってつくるモノすべてに原油価格高騰が影響する

石油とは海にいたプランクトンなどの死骸が堆積し、数億年〜数百万年という長い時間をかけてできた液状の物質のこと。油田から採掘したままのものが「原油」で、原油を蒸留・精製して、LPガスやガソリン、軽油、灯油、重油、ナフサ（プラスチックの原材料）などの石油製品がつくられています。原油と石油製品の総称が「石油」です。

ペットボトルや化学繊維の衣料品、合成洗剤やシャンプー、自動車のタイヤなど、私たちの暮らしには石油からつくられたモノであふれています。原油が高騰すれば製造コストが上がり、モノの価格に反映されます。それ以上に深刻なのが、電気代やガソリン代などの値上げです。石油は火力発電所で電気をつくる燃料となりますし、ガソリンやジェット燃料、重油などの動力源も石油からつくられています。==原油価格の高騰は製造から輸送、販売まで、あらゆる過程のコストを増大させ、価格を引き上げてしまうのです。==

2 - 5

材木や穀物、金、銀の 価格上昇で物価が上がる

コロナ禍をへて価格が高騰したのは原油だけではありません。
木材をはじめとする原料素材の高騰が輸入物価を押し上げ、
国内のさまざまな企業を苦しめています。

オイルショックにウッドショック、 メタルショックも重なる

　2021年春頃から北米木材の価格が上昇する「ウッドショック」が起こりました。きっかけはアメリカを中心とした住宅ブームです。リモートワークの普及や住宅ローンの超金利政策によって、住宅の改修や新築が増えて、木材や鉄鋼の需要が急増したのです。

　さらにロシアのウクライナ侵攻に対する経済制裁で、ロシアからの輸出がストップ。木材の世界的な需給バランスが大きく崩れてしまったのです。世界的な穀物輸出国であるロシア・ウクライナ両国の戦争は、世界経済に大きな影響を及ぼし、穀物や化学肥料の価格も引き上げられました。

　また、銅やアルミ、鉄鉱石、鉄くずなどの素原材料が高騰する「メタルショック」も、製造・建築業界などを直撃しています。このような==川上の輸入価格が上昇しても、すぐに国内価格に反映されるわけではありませんが、やがては国内の企業物価を押し上げていくことになります。==

　世界経済の先行きが不透明ななかで、安全資産として金や銀の人気も高まっています。金のドル建海外価格（1トロイオンス当たり）は、2020年1月の1,560.67ドルから、2024年1月に2,034.04ドルまで上昇。銀の価格も同じ4年間で約1.28倍に伸び、投機マネーも集まっています。

2-6

世界中で大量に取引される 国際商品の相場

国際商品とは、原油や金属など世界中のみんなが欲しがるモノで、
世界全体の需要と供給のバランスで値段が決まります。
国際商品市況は、日本国内の物価にも影響を及ぼします。

国際商品市況とは原油や小麦など 国際市場で取引される商品の相場

原油をはじめとするエネルギー資源、銅やアルミニウムなどの金属、
小麦やトウモロコシなどの農産物は、世界中で需要があります。その
ため、商品ごとに基準規格を定めたうえで、国際市場で大量に取引さ
れています。これらを「国際商品（コモディティー）」といいます。

国際市場では、現物の取引だけでなく、将来の売買価格をあらかじめ
約束する「先物取引」が盛んに行われているのも特徴です。天候や自然災
害、戦争・紛争などによる価格変動リスクを避けるために行われます。
また、約束した価格と実際の相場との差額を狙って儲けようとする人も、
たくさん市場に参加しています。これは外国為替市場と同じですね。

国際商品のその時々の値段（相場）を「国際商品市況」といい、その代
表的な指標が「リフィニティブ・コアコモディティーCRB指標」です。原
油、金、アルミニウム、銅、トウモロコシ、大豆、コーヒーなど19品
目の値動きを指数化したもので、アメリカの金融サービス企業・リフィ
ニティブ社が毎日発表。世界的な物価変動や景気動向の指標として用い
られています。

● 国際商品市況の現状（円ベース）

（2022年2月23日＝100）

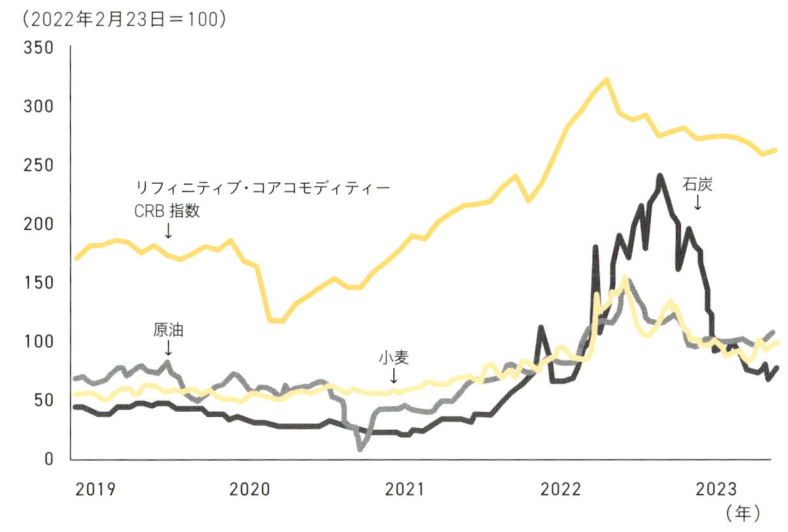

リフィニティブ・コアコモディティー
CRB指数
↓

原油
↓

小麦
↓

石炭
↓

2019　2020　2021　2022　2023
（年）

（内閣府「令和5年度年次経済財政報告」など）

2022年ロシアのウクライナ侵攻への禁輸措置などで供給不安が広がり、国際商品市況は急激に上昇しました。特に石炭は2022年9月には前年度月比で約200％まで上昇。2023年以降落ち着きましたが、コロナ禍前の水準には戻っていません。

⊙ 国際商品市況によって国内の物価指標は動く

　コロナ禍による世界経済の停滞で国際商品市況は下落していましたが、2021年前後から上昇。それに伴って、輸入物価指数や国内企業物価などの企業物価指数（→P42〜47）も上昇しました。

　原油や金属、農産物などの国際商品は、モノをつくる原料です。原料価格が変動すればモノをつくる製造コストが変わり、やがては販売価格も変動します。水が川上から川下へと流れるように、**価格変動は国際商品市況から輸入物価、国内企業物価、消費者物価へと波及していくのです。**

73

2 - 7

関税で輸入品の 国内販売価格がわかる

以前、アメリカ産牛肉には38.5％の関税が課せられていました。
小売価格2,000円のアメリカ産牛肉なら、770円が関税だったのです。
どうしてこのような高い関税が課せられていたのでしょうか。

⟳ 関税とは輸入品に課せられる税金のこと

　外国から輸入するモノに課せられる税金が「関税」で、基本的には輸入した企業や個人が輸入する国の税関に納めます。

　関税の主な目的は国内産業の保護です。外国の安い農産物などがたくさん入ってくると、国産品が価格競争で負けてしまい、産業として生き残れなくなる恐れがあります。そこで、**輸入品に関税を課すことで国産品との価格差を調整し、価格競争から国内産業を守っているのです。** 関税には幅があります。ただ、日本より物価が安い国からの輸入品でも、関税をかけることでその分価格に上乗せされます。そのため、消費者が輸入品を安く買いにくくなるという面もみえてきます。だからといって関税を下げると国内の物価が下がり、輸入商品が手頃な価格で手に入るようになります。そうすると、国内産業を保護するという機能は薄れます。関税を上げると国内の物価は上がります。つまり、関税は物価に多大な影響を与えているのです。

　関税の課税方式は主に「従量税」と「従価税」のふたつがあります。

　従価税は価格に対する割合で課税されるものです。 一般的な関税で、インフレにも対応できます。税率は品目ごとに細かく定められており、たとえば、アイスクリームは21〜29.8％、チーズは22.4〜40％が目安となっています。関税率は、原産地によっても異なります。後発

▼ 主な関税

一般的な関税

従価税… 輸入品の価格に比例して課税される。「○%」という定められた税率を輸入品の価格にかけて税額を算出する。輸入品の価格変動に伴って関税額も変わるので、インフレに対応できる。輸入品の価格が低いと、関税額も低くなる。

- -

従量税… 「〜円／ℓ」や「〜円／kg」などのように、輸入品の個数や容積、重量などを基準に課税される。税額を簡単に算出できるため、輸入品の価格が把握しやすい。しかし、輸入品の価格変動には対応できない。

開発途上国には無税が適用されるほか、経済連携協定（EPA[*1]）締結国やWTO協定[*2]加盟国に適用される税率もあります。

　一方、**従量税は数量や容量、重量に対して課税されるものです。** 輸入米は従量税で、1kgあたり341円が課税されます。

　関税がかからない品目もあり、全体の約34%は無税です。鉄鉱石、羊毛、綿花、写真用フィルム、ゴムタイヤ、本・雑誌、パソコン、楽器などがあります。

⟳ 一時的に高い関税が課せられるセーフガード

　「セーフガード」とは、特定の農産物など輸入品が急増した際に、関税率の引き上げなどで輸入数量を抑えるしくみのこと。**自国産業を守るための措置として、国際的に認められています。**

　2020年1月に発効した日米貿易協定において、日本はアメリカ産の牛肉、豚肉、オレンジなどに、セーフガードを導入。2021年3月、アメリカ産牛肉の輸入量が基準量を超えたためにセーフガードを発動し、関税率を25.6%から38.5%へと30日間、引き上げました。今後、アメリカ産牛肉の関税率はオーストラリア・カナダ産牛肉と同様に段階的に下げられ、2033年度には9%になります。消費者にとっては安い牛肉の選択肢が増えますが、国内畜産業はより厳しい状況に立たされそうです。

---

*1 EPA／関税の撤廃や削減等に加え、ビジネス環境の整備、投資や知的財産の保護など、幅広い分野での経済連携を目指す協定。
*2 WTO協定／WTO（世界貿易機関）が定めた貿易に関する国際的なルールのこと。164か国が加盟している。

マネーストックとは世の中に流通している通貨の量

物価や景気を大きく左右するのは需要と供給のバランスですが、
世の中に出回るお金の量も重視されています。
お金の量の指標のひとつが「マネーストック」です。

⤵ 景気や物価の動向や先行きを判断する指標のひとつ

　経済学では古くから、世の中に流通するお金（通貨）の量と、景気や物価との関係が注目されてきました。お金の量が増えると、景気や物価はどのように動くのか考えてみましょう。

　そもそもなぜお金ができたのかというと、モノやサービスとの交換の手段として重宝されたからです（→P13）。となると、世の中にあるお金は"いずれはモノやサービスと交換されるもの"とみなすことができます。世の中に流通するお金が増えれば、モノやサービスとの交換が増える、つまり売ったり買ったりする取引が増えるので、景気はよくなると考えられます。景気がよくなれば、モノやサービスの需要が高まるので、物価が上がります。また、お金が増えるほど、その相対的な価値は下がっていくので、モノやサービスの価値が高くなる、つまり物価が上がるともいえますね。

　逆に、世の中に流通するお金が少なくなれば、今後のモノやサービスの売買取引は少なくなるでしょう。すると、景気は停滞して物価は下がると考えられます。お金が少なくなると、その相対的な価値が上がるので、モノやサービスの価値、つまり物価は下がるということになります。

　このように、お金の量と、景気や物価との関係をみるための指標のひとつが「マネーストック」で、日本銀行が月に1回発表しています。

⮕ 企業・個人・地方公共団体が持っている通貨量の合計

　世の中のお金は、さまざまな人が持っています。企業や個人が持っているお金もあれば、金融機関に預けているお金もあります。また、政府や地方公共団体もお金を持っています。

　日銀が保有する日銀当座預金、日銀以外の経済全体が保有する紙幣と硬貨からなる現金の合計が「マネタリーベース」です。そしてマネーストックは、一般法人、個人、地方公共団体など（金融機関と政府を除く）が保有する通貨の残高をさします。

　従来はマネーサプライ（通貨供給量）と呼ばれていましたが、2008年の統計の見直しの際に、諸外国にならって、名称をマネーストック（通貨残高）に変更しています。

● マネーストックと物価の関係

```
┌──────────────────────────────────┐
│      銀行が積極的にお金を貸す      │
└──────────────────────────────────┘
                 ↓
         世の中のお金（通貨量）が
                増える
                 ‖
  ┌──────────────┐   ┌──────────────┐
  │ 景気がよくなる │   │ 物価が上がる │
  └──────────────┘   └──────────────┘


┌──────────────────────────────────┐
│   銀行があまりお金を貸さなくなる   │
└──────────────────────────────────┘
                 ↓
     世の中に出回るお金の量（通貨量）が減る
                 ‖
  ┌──────────────┐   ┌──────────────┐
  │ 景気が停滞する │   │ 物価が下がる │
  └──────────────┘   └──────────────┘
```

2 - 9

需要の増加が引き起こす ディマンドプルインフレ

物価が上昇するインフレには、需要側の要因で起こるものと、
供給側の要因で起こるものがあります。ディマンドプルインフレは
需要側の要因で起こるインフレです。

⤷ 需要拡大が起因のインフレ

　アーティストや俳優、アニメ、ゲームなど、自分の大好きな"推し"
に関するモノなら多少高くても買ってしまう……。そんな経験のある
人は多いのではないでしょうか。限定品など希少価値の高いモノなら、
いっそうお財布のヒモが緩んでしまうかもしれません。

　これと同じようなことが、世の中のモノやサービス全般に起こるの
が「ディマンドプルインフレ」です。ディマンド(demand)は「需要、要
求」、プル(pull)は「けん引、引く」という意味で、需要の拡大に起因す
る物価上昇をさします。

　消費者がたくさんのモノやサービスを買ったり、企業が新しい工場
を建設したり、機械を導入したりすれば、需要は拡大します。政府が
大型補正予算などを組んで支出を増やすのもひとつの手段です。==モノ
やサービスを売る人よりも買いたい人が多くなれば、値段を高くして
も売れるので、物価全体の水準が上昇していくのです。==

　1950年代半ばから1970年代前半の日本の高度経済成長期は、個
人消費も企業の設備投資も拡大しました。物価が平均で4～5％上昇す
るという、典型的なディマンドプルインフレの状況が続きました。

● ディマンドプルインフレとは

```
需要が増える
　↓
消費が拡大する
　↓
物価が上がる
　↓
賃金が上がる
　↓
高くても欲しい／買う
　↓
需要が増える
```

[要因]

・個人消費の増加
・企業の設備投資の増加
・大型の補正予算などによる
　政府の支出の増加　　　　　　など

需要の拡大にけん引され
て起こるのが、ディマン
ドプルインフレ。個人消
費の増加や企業の設備投
資の増加、政府支出の増加などが要因で
す。人口増加率の高い新興国は需要が拡
大するため、ディマンドプルインフレに
なりやすいといえます。

⊃ 賃金が上がることでさらに消費が拡大する

　需要が拡大すれば、企業はより多くのモノやサービスを提供しよう
とします。そのために必要なのは人手です。自社でたくさんの人に働
いてもらうには、賃金を上げるのがいちばんですね。**賃金が上がれば、
消費者は自由なお金が増えるので、さらにモノやサービスを欲するよ
うになります。こうしてまた需要が拡大し、物価が上昇していきます。**

　しかし、物価が高くなりすぎるのは、消費者も企業も困ります。
ディマンドプルインフレであっても、加熱しすぎはよくないとされて
います。

2 - 10

企業収益を圧迫する コストプッシュインフレ

供給側の要因で生じるインフレがコストプッシュインフレです。
原材料費や賃金などのコストが上昇したときに、その増加分が
モノやサービスの価格に反映されて起こるものです。

🔄 原材料のコスト上昇が原因のインフレ

　企業は、原材料や賃金などのコストに自社の儲けをのせて、モノや
サービスの値段を決めています(→P54)。コストが上昇した場合は、
誰かがその分を負担しなければなりません。

　値上げをして、買う人にコスト増加分を負担してもらうことを「価格
転嫁」といいます。

　世の中のモノやサービス全般で、コストの価格転嫁が起こるのが、
「コストプッシュインフレ」です。特に大きな要因は円安や原油価格の
高騰(→P68)です。また、サプライチェーン[*1]の寸断や停滞もコスト上
昇の要因になります。たとえば、部品を調達している国で自然災害や
紛争などが起こったら、急遽ほかの国から調達しなければならず、コ
ストが増大します。

　人手不足も問題です。2020年以降、停滞していた世界経済は回復に
向かいましたが、コロナ禍で多くの労働者が解雇されていたために、
船員や水先人などの港湾労働者やトラック運転手が不足し、輸送コス
トの引き上げにつながりました。

　その結果、企業の収益を圧迫することになりました。

[*1] サプライチェーン／原材料や部品の調達から生産、在庫管理、物流、販売といった一連の流れの
　　こと。供給網ともいう。

● コストプッシュインフレとは

円安、原油高
などが原因で
コストが上がる

賃金が上がる

モノやサービスの値段が上がる
＝
物価が上がる

需要（消費）が
減退する

原材料のコスト上昇に加えて、人手不足による賃金上昇も、コストプッシュインフレの要因になります。原材料やエネルギー資源のほとんどを輸入に頼っている日本は、コストプッシュインフレを起こしやすい国だといえます。

［ 要因 ］

・原油など原材料価格の高騰
・サプライチェーンの寸断
・人手不足　　　　　　　　　　　　など

 ## 急にコストが上がると
企業の利益を圧迫することも

　お気に入りのお店の1,000円ランチが突然1,500円になったら、どうしますか？「行く回数を少し減らそうかな」と思うのではないでしょうか。

　お客さんが減ってしまう可能性を考えると、原材料費や光熱費などのコストが急に上がったからといって、すぐに価格に反映させるのはなかなか難しいものです。特に中小企業は自社の儲け分を減らして、コストの上昇分を引き受けていることも少なくありません。インフレにはならずとも、企業の業績が下がって景気が悪化するおそれがあります。

よい物価上昇と悪い物価上昇がある

日本は長い間、2%の物価上昇率を掲げてきました。
けれども、物価は単に上昇すればいいというものではありません。
物価上昇がどんなふうに起こっているかが大事です。

「需要が増えるか」「原材料価格の高騰か」が大きなちがいに

　景気が拡大するときには、物価が上昇する傾向があります。けれども、物価が上昇したからといって、景気が拡大するわけではありません。

　これまで説明してきたように、物価上昇の要因はさまざまなものがあります。景気拡大に伴う物価上昇は「需要の増加」がはじまりです。消費者が"もっとモノやサービスが欲しい"と思っていることが大事です。

　モノやサービスを欲しいと思う人がたくさんいれば、値段を上げても買ってもらえます。企業は生産力を高めるために雇用を増やそうとし、賃金も上げるでしょう。すると、その分、また物価は上がっていきます。これがディマンドプルインフレ（→P78）で、このような好循環が生まれれば、デフレからも脱却できると考えられます。

　しかし、消費者の気持ちは冷めているのに、物価だけが上昇することもあります。原材料やエネルギー資源などが高騰して起こるコストプッシュインフレですね（→P80）。もともと消費欲が低いうえに物価が上がれば、ますますモノやサービスは売れなくなります。企業の業績が圧迫されて、景気停滞と物価上昇が同時に起こるスタグフレーション（→P84）につながる恐れもあります。これは悪い物価上昇の典型です。

◎ よい物価上昇はデフレから脱却する

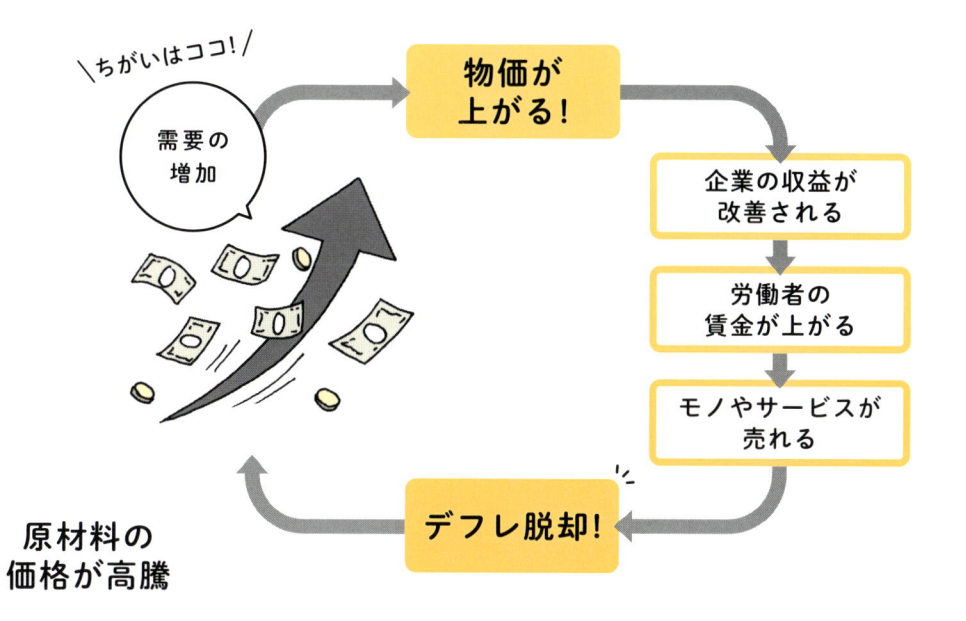

\ちがいはココ! /
需要の増加

物価が上がる!

企業の収益が改善される

労働者の賃金が上がる

モノやサービスが売れる

デフレ脱却!

原材料の価格が高騰

◎ 悪い物価上昇はデフレに逆戻り

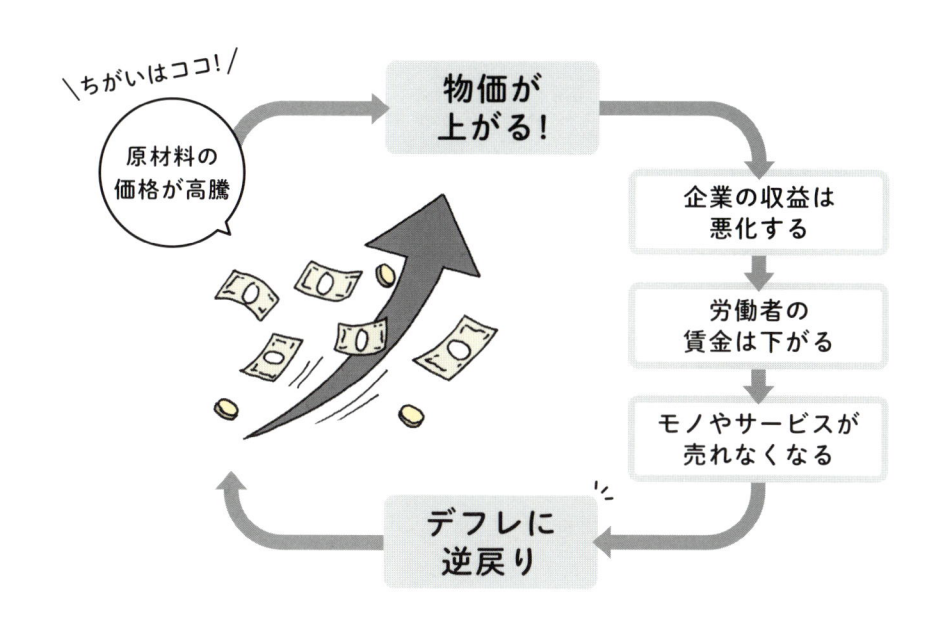

\ちがいはココ! /
原材料の価格が高騰

物価が上がる!

企業の収益は悪化する

労働者の賃金は下がる

モノやサービスが売れなくなる

デフレに逆戻り

不景気とインフレが同時に起こることもある

1970年代のアメリカでは景気が悪いにもかかわらず、
物価上昇が続きました。この"泣きっ面に蜂"のような現象が
「スタグフレーション」。日本でもこの先、起こるかもしれません。

景気の低迷とインフレが同時に起こるスタグフレーション

　物価は基本的に、景気のよいときに上がり、景気が悪くなると下がるという性質があります。ところが、景気は低迷しているのに、物価が継続的に上がっていくという、おそろしい事態が発生することがあります。これが「スタグフレーション」で、「スタグネーション（景気停滞）」と、「インフレーション（物価上昇）」を組みあわせた言葉です。

供給が不足して価格が高騰すると起こりやすい

　スタグフレーションが起こりやすいのは、急激な供給不足（供給ショック）が生じたときです。需要が低迷しているのに、政治的な混乱や戦争・紛争などで、企業がモノやサービスを十分に提供できないと、不景気でも物価は上昇します。1970年代にアメリカで発生したスタグフレーションは、第四次中東戦争に伴う原油の供給ショックが引き金となりました。

　もうひとつ、スタグフレーションが起こりやすいのは自国通貨安のとき、日本なら円安のときです。輸入した食料品や日用品が高騰し、家計を圧迫します。さらに原料や燃料を輸入に頼っている企業はコス

◆ スタグフレーションとは

景気低迷
スタグネーション + 物価が上がる **インフレーション**

↓

景気が低迷すると同時に物価も上昇する

スタグフレーション

たとえば **2022年の日本** ／ 円安

輸入小麦や原油の値段が上がる

↓

でも賃金は上がらず

物価は上がる

↓

このまま続いていくと **スタグフレーション**になる

・家計が圧迫される
・将来がみえずお金を使いにくい

景気低迷が続く日本でも物価が上昇しています。コロナ禍からの需要回復やウクライナ情勢などで供給網が混乱し、供給ショックが生じたからです。賃金が上がらないままインフレが続けば、スタグフレーションも起こり得ます。

トが増大し、不景気でも値上げに踏み切る可能性があるからです。

　スタグフレーションのときはもともと景気が悪いので、金融引き締めによって物価上昇を抑制しようとすると、景気悪化が深刻なものとなってしまう恐れがあります。それくらいスタグフレーションは厄介なのです。

2-13

よいインフレはあるが、よいデフレは存在しない

バブル崩壊後の景気低迷期に登場した100円ショップは
"デフレの象徴"ともいわれます。「安く買える」のは、
本当によいことだったのでしょうか？

⊃ モノは安く買えるが給料も安くなる

モノやサービスの値段が下がり続けることを「デフレーション」、略してデフレといいます。インフレと同様に、消費者物価指数（→P22）が目安として用いられます。

1個100円だったものがデフレで1個50円になれば、100円で2個買えるようになります。賃金は変わらずとも、お金の価値が相対的に高くなるので、100万円の貯金がある人なら、お金の価値が2倍になった場合は実質的には200万円の貯金があることになります。

一見よいことばかりのように思えますが、本当にそうでしょうか。

企業の側から考えてみましょう。モノやサービスの値段が下がると、企業の売上利益は減ります。また、企業の多くは事業のために借金をしていますが、実質的な借金の負担が増えることになります。経営が苦しくなれば、人員を減らしたり、賃金をカットしたりせざるを得ません。賃金が減れば人々はお金を使わなくなるので、需要は縮小し、景気は悪くなります。

デフレがよい顔をみせているのは入り口だけ。よいインフレはあっても、よいデフレはないといえるでしょう。

デフレに一度突入すると抜け出すのは難しい

バブル崩壊後の日本経済は数十年も低迷の一途をたどり、
失われた20年、失われた30年とも呼ばれています。
なかなか抜け出せない渦が「デフレスパイラル」です。

賃金が下がり、さらにモノが売れなくなる悪循環

バブル崩壊後の1990年代後半以降、日本はデフレに突入。消費者物価指数の前年比上昇率は、0％台からマイナス1％台が続きました。政府が正式にデフレだと認めたのは2001年ですが、なんと20年以上もデフレに苦しみ続けてきたことになります。

デフレが怖いのは、いったん突入してしまうと、抜け出すのが難しいところ。モノやサービスが売れなければ、企業は投資を控えたり、賃金を減らしたりするようになります。すると、人々はますます買わなくなり、企業のモノやサービスをつくる力も弱まっていきます。このようにデフレから渦を巻くように経済が縮小していく現象を「デフレスパイラル」といいます。実際、日本の経済成長率は、1990年代は1％台、2000年代以降は0％台と落ち込み、諸外国と大きな差がついてしまいました。

デフレの最大の要因は、需要に対して供給が多すぎること。需要を喚起して景気をよくしようと、政府はさまざまな対策を施しています（→第5章）。脱デフレの指標として政府が重視しているのは、「消費者物価指数（→P22）」「GDPデフレーター（→P50）」「単位労働コスト[*1]」「需給ギャップ[*2]」の4つです。また、賃金の上昇率も重要な指標になります。

*1 単位労働コスト／企業がある製品を一定量つくるときにかかる賃金のこと。雇用者報酬÷実質GDPで計算する
*2 需給ギャップ／一国の経済における潜在的な供給力と実際の需要の差を表す指標。

◎ デフレスパイラルとは

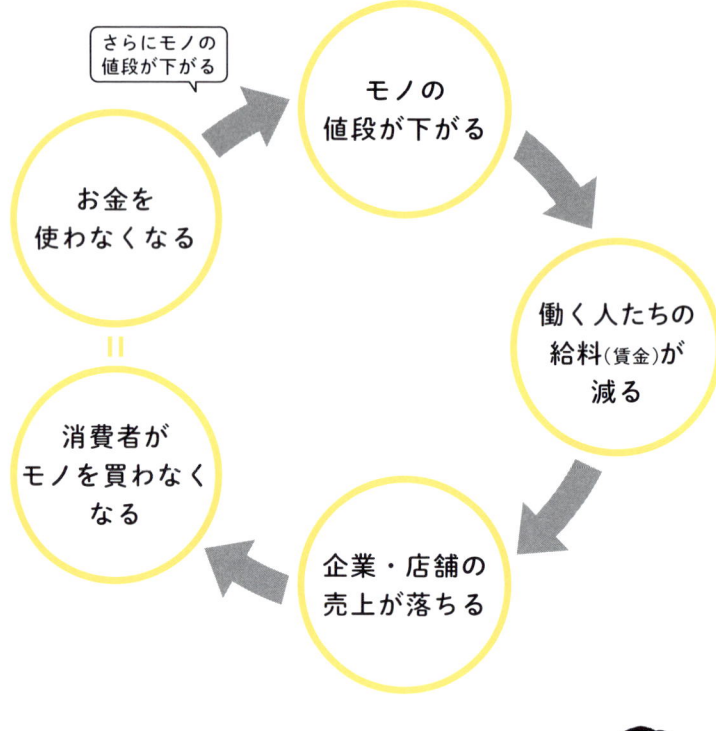

さらにモノの
値段が下がる

モノの
値段が下がる

お金を
使わなくなる

働く人たちの
給料（賃金）が
減る

消費者が
モノを買わなく
なる

企業・店舗の
売上が落ちる

デフレスパイラルからの脱却を考えるなら、実質的な所得を増やし、需要を喚起させる対策も重要です。

2 - 15

モノとサービスでは物価が上がる要因が異なる

消費者物価指数は、582品目の指数品目を「モノ（財）」と
「サービス」で分けた指数もつくられています。
モノとサービスでは物価の変動のしかたがちがうのです。

→ モノのコストは原材料

　私たちの消費は、モノ（財）とサービスに大別できます。モノはさまざまな要因から価格が変動しますが、サービスは安定しています。

　食料品や日用品、衣類、家電、ガソリンなどは「モノ」です。

　モノはさまざまな材料を加工してつくられます。材料がなければひとつもモノをつくることはできません。また加工するときにはエネルギーも欠かせません。そのため、**モノの価格は材料費やエネルギーの価格に大きく左右されます。**

　コロナ禍からの世界経済の回復やロシアのウクライナ侵攻などにより、原材料やエネルギー価格が高騰し、2022年頃から食料品を中心に値上げラッシュが続きました。つまり、モノの値段は"原材料"によって決まる部分が大きいのです。

→ サービスのコストは人件費

　一方、外食をしたり旅行に行ったり、美容院やテーマパークに行ったりするのは「サービス」の消費です。日々の生活に欠かせないスマホの通信料やパソコンのインターネット接続料も、サービスに対する対価

⏷ "モノ"と"サービス"とは

モノ （コストに占める原材料費の割合が高い）	サービス （コストに占める人件費の割合が高い）
［物価が上がる主な理由］	［物価が上がる主な理由］
・原油高（穀物なども高騰） ・円安	・労働力不足 ・賃金のアップ
モノのコストは原材料費が大半を占める。そのため、原油や穀物価格の高騰や円安によるコストの増大が価格に反映されやすい。	サービスの価格は人件費がメイン。少子高齢化が加速するなかで、労働人口の減少が進み、サービス業界では人手不足は深刻な問題に。人員確保のための賃上げ分が価格に反映される。

です。**これらのサービスを提供するうえでなくてはならないのは「人」です。**モノの値上げラッシュが続いたときにも、サービスの値上げラッシュは起こりませんでした。サービスの値段の決め手となるのは、原材料ではなく、"人件費"ということになります。

⟳ これまではモノの値段だけが上がっていたが……

　値上げラッシュが続いていた2022年9月消費者物価指数（生鮮食品を除く総合）は、約30年ぶりに前年比３％を示しました。

　この時は物価上昇のほとんどがモノの値上げによるものでしたが、最近は諸外国に遅れて日本でもサービス価格の上昇が注目されています。2023年の消費者物価指数のサービス価格は前年比1.8％上昇しました。規制料金が多い公共サービスを除いた一般サービス価格でみると、前年比2.3％。1993年以来の高い伸びとなりました。

　特に値上げが目立つのが、外食サービスです。食料品の値上げでコストが増大していたところに、アルバイトやパートなどの非正規雇用者の賃上げが、サービス価格に反映されたと考えられます。もともと外食サービスは非正規雇用者の割合が高いのが特徴。コロナ禍で削減した人員が戻らないなかで、賃上げをせざるを得なかったのでしょう。実際、三大都市圏のアルバイト・パートの平均時給は1,185円で前年比2.6％の伸びを示しています（2024年7月度「ジョブズリサーチセンター」調査）。

　賃上げの動きが高まっている背景には、少子高齢化による深刻な人手

不足があります。主な働き手となる労働力人口[*1]が15歳以上人口に占める割合は、1995（平成７）年に69.4％だったのが、2015（平成27）年には61.3％、2020（令和２）年には59.5％と減少。今後も労働力不足は深刻化し、2030年には推計644万人超の労働力が不足するといわれています[*2]。

原材料などの輸入物価に押し上げられた「モノ」の価格上昇はいつまでも続きません。**適度なインフレを維持するためには、賃上げによるサービス価格の上昇が重要です。**輸入物価はさまざまな要因で変動しますが、いったん定まった賃金は容易に下がることはないからです。

▼ 少子高齢化が進み、労働力が不足することに

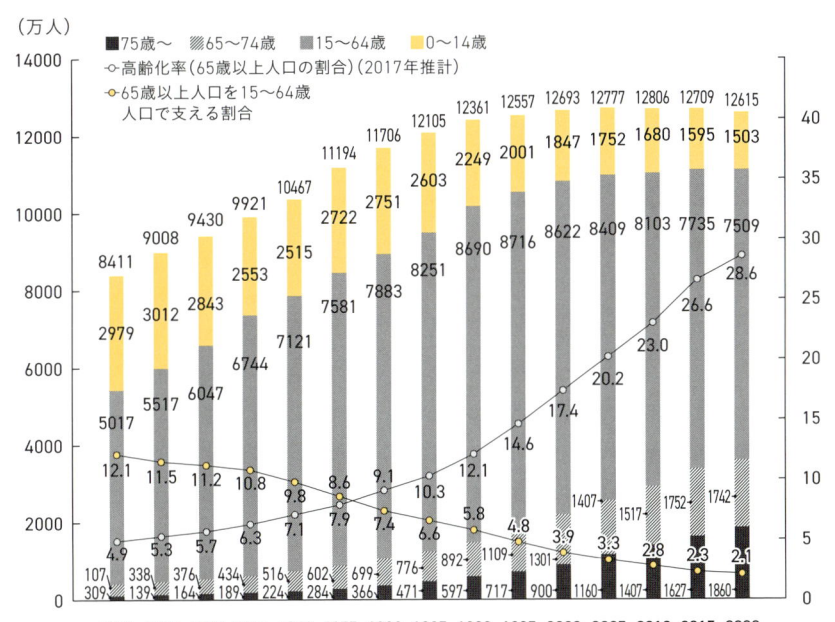

（内閣府「令和4年版高齢社会白書」より）

現状でも65歳以上の人口が増え、14歳までの人口が減ってきているため、今後労働力が不足することがわかっています。

*1 労働力人口／15歳以上人口のうち、就業者と完全失業者の合計（→P131）。
*2 パーソル総合研究所調べ（2019年2月現在）。

政府がデフレ脱却宣言を
しないのはなぜか

2001年3月、政府は「持続的な物価の下落」をデフレと定義したうえで、
日本経済がデフレに陥っていることを認めました。
それから20年以上経過し、物価も上昇しています。

◔「デフレではない」と認めているが……

　戦後、日本が「デフレ」に陥っていることを、政府が初めて公式に認めたのは、2001年3月です。20年以上たった現在は2％以上の物価上昇が続いており、もはや「デフレ」ではないことは明らかです。政府の「月例経済報告」においても、2013年以降は「デフレ」という言葉は使われていません。2014年8月には「デフレ状況ではなくなりつつある」と認めています。

　しかし、政府は「デフレ脱却宣言」を出していません。これは、「デフレ脱却」を「物価が持続的に下落する状況を脱し、再びそうした状況に戻る見込みがないこと」と定義しているからです。その判断材料として、政府は4つの指標をあげています。

▼ デフレ脱却に必要な4つの指標

❶ 消費者物価指数 ・・・ 2024年7月まで28か月連続で2%を上回る

❷ GDPデフレーター ・・・ 前年同期比3.2%のプラス
7四半期連続上昇

❸ 単位労働コスト ・・・ 前年同期比4.8%のプラス
5四半期連続プラス

❹ 需給ギャップ ・・・ マイナス0.6%の需要不足
4四半期連続のマイナス

（2024年8月現在）

▼「デフレ」これまでの流れ

1999年4月	ゼロ金利政策の発動
1999年秋以降	消費者物価指数が前年割れ
2000年8月	ゼロ金利政策の解除
2001年3月	金融緩和策の実施
2001年3月	麻生太郎経済財政大臣 「日本経済は緩やかなデフレにある」 月例経済報告に「デフレ」が登場

戦後初　政府が公式にデフレを認める

2001年8月	追加緩和策実施
2006年7月	月例経済報告から「デフレ」の文字消える
2009年11月	月例経済報告から「デフレ」の文字復活
2013年12月	月例経済報告から「デフレ」の文字消える
2014年8月	月例経済報告 「デフレ状況ではなくなりつつある」
2016年	マイナス金利政策導入
2024年3月	マイナス金利政策解除

➲ 政府は慎重な姿勢を崩していない

　4つの指標のうち、消費者物価指数は2％超で推移し、GDPデフレーターも7四半期連続でプラス単位労働コストも5四半期連続でプラスとなっています。しかし、需給ギャップは3四半期連続でマイナスを示しており、政府は「デフレに後戻りする可能性は否定できない」と慎重な姿勢を維持しています。政府の立場からすると、デフレ脱却宣言は早く出したほうがよいというものではありません。むしろ宣言後に再びデフレに陥ったときの批判は避けたいところ。宣言を出すならば、実績としてアピールしたいという思惑もあるでしょう。4つの指標の動向と政治的なタイミングを注視しながら、今後しばらくは慎重な姿勢が続くと考えられます。

予想物価上昇率が高いと企業は値上げしやすくなる

モノやサービスの値段は、売り手側と買い手側が
"ちょうどいい"と思うところで決まります。買い手側の
物価動向を表す指標が「予想物価上昇率」です。

⤵ 先行きを予想するうえで重要な指標

　モノやサービスの値段を決めるのは、売り手側です。コストに儲け分をのせて値段を決めますが、やみくもに高い値段をつけても売れませんよね。消費者に「このくらいの値段なら買おうかな」と思ってもらえて、なおかつできるだけ儲けが得られる値段を考えるはずです。

　スーパーやファストファッションのお店などでは「イチキュッパ」の値段をよく見かけますが、これは「200円」「2,000円」より「198円」「1,980円」のほうが、お得感が感じられて消費者に買ってもらえると考えたからでしょう。

　つまり、売り手側が決める値段には、その時々の消費者の気持ちや気分も反映されているといえます。その指標のひとつが「家計の予想物価上昇率」です。**実際の物価上昇率ではなく、消費者(家計)が予想する数値**で、「期待インフレ率、予想インフレ率、インフレ予想」とも呼ばれています。

　家計の予想物価上昇率が高いということは、消費者が値上げを容認しているともいえます。企業は値上げがしやすくなるため、予想物価上昇率は、将来の物価や景気にも影響を及ぼす指標として注目されています。家計の予想物価上昇率以外に、企業や市場の予想物価上昇率という指標もあります。

▼ 予想物価上昇率は消費者、企業、市場が決めている

消費動向調査のなかの「物価の見通し」という質問に対する回答をもとに、家計の予想物価上昇率がつくられている。消費動向調査は、1回目は調査員が訪問・調査票を回収し、その後は郵送・オンラインで行われている。

⊙ 予想物価上昇率は消費者動向調査から調べる

　家計の予想物価上昇率は「消費動向調査」から知ることができます。これは、内閣府が実施している「景気統計」のひとつで、景気動向を判断する基礎資料を得ることを目的として、月に1回結果が公表されています。

　調査はアンケート方式で、全国からランダムに選ばれた8,400世帯を対象とし、今後の暮らし向きや雇用環境、収入の増え方、主要な耐久消費財の買い替えなどについて調べます。8,400世帯を15のグループに分けて、毎月グループを入れ替えながら、15か月間継続して調査します。

　物価との関連では「1年後の物価の見通し」についての質問が重要です。**日頃、よく購入するモノの価格が1年後どの程度になると思うかと**

==いう質問に対し、==「下がる（10％以上、10％未満5％以上、5％未満2％以上、2％未満）」「変わらない（0％程度）」「上がる（～2％未満、2％以上5％未満、5％以上10％未満、10％以上）」「分からない」という、==10個の選択肢からひとつ選んでもらいます。この結果から、家計の予想物価上昇率を算出することができます。==

⟳ 世代によって物価に対する心理は変わる

　では、消費者がどんなふうに物価を予想しているかをみてみましょう。現行の消費動向調査が始まった2004年4月から2010年12月までの調査では、1年後の物価が上昇すると見込む人の割合は平均55.0％でした。デフレの状況が長く続くなかにあっても、平均50％を上回っていたことから、家計の予想物価上昇率は高くなりやすい傾向があるといえます。

　2020年1月になると、1年後の物価が上昇すると見込む人の割合が78.2％にまで上昇。2022年2月には91.7％を超え、以降は90％を上回る割合で推移しています。近年の原油高騰によって、消費者にとって身近な食料品やガソリン・電気代などの値上げが続き、物価上昇を強く意識するようになったのではないかと考えられます。

　また、物価に対する心理は、世代間の差があるのも特徴です。2013年5月の調査では、1年後に物価が上昇すると見込んだ人の割合が、30代以上の世代は80％を超えていたのに対し、20代は67.4％でした。最も割合の高い60歳以上は84.6％で、20代とは17％以上も差があったのです。20代の若い人はデフレのなかで育ち、物価上昇を体感したことがありません。一方、70歳以上の人はオイルショックなどの物価の上昇を経験しています。このような差が予想物価上昇率に現れていると考えられます。

　しかし、2024年7月の調査では、物価が上昇すると見込んだ人の割合は20代でも89.0％に上りました。最大の割合を示した40代は94.1％で、その差が5.1％と小さくなっています。==昨今の原油価格や食料品価格の高騰による物価上昇は世代を問わず生活を直撃し、物価予測にも影響を及ぼしているのかもしれません。==

● 予想物価上昇率の1年間の推移

凡例：
5%以上低下　2〜5%未満低下　2%未満低下　0%
2%未満上昇　2〜5%未満上昇　5%以上上昇

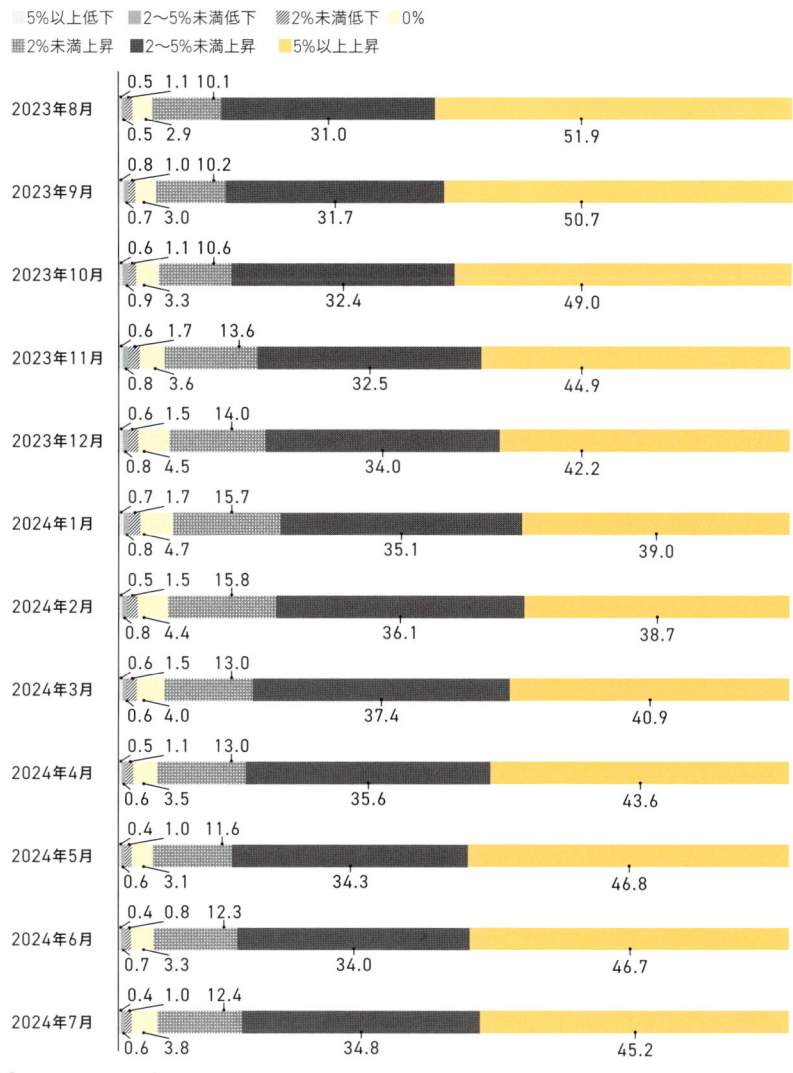

2023年8月	0.5 1.1 10.1	0.5 2.9	31.0	51.9	
2023年9月	0.8 1.0 10.2	0.7 3.0	31.7	50.7	
2023年10月	0.6 1.1 10.6	0.9 3.3	32.4	49.0	
2023年11月	0.6 1.7 13.6	0.8 3.6	32.5	44.9	
2023年12月	0.6 1.5 14.0	0.8 4.5	34.0	42.2	
2024年1月	0.7 1.7 15.7	0.8 4.7	35.1	39.0	
2024年2月	0.5 1.5 15.8	0.8 4.4	36.1	38.7	
2024年3月	0.6 1.5 13.0	0.6 4.0	37.4	40.9	
2024年4月	0.5 1.1 13.0	0.6 3.5	35.6	43.6	
2024年5月	0.4 1.0 11.6	0.6 3.1	34.3	46.8	
2024年6月	0.4 0.8 12.3	0.7 3.3	34.0	46.7	
2024年7月	0.4 1.0 12.4	0.6 3.8	34.8	45.2	

（内閣府「消費動向調査」より）

コロナ禍前の2020年と比べ、1年後の物価が上昇すると見込む人が90％以上、なかでも5％以上と高い物価上昇を見込む人が40〜60％で推移しています。昨今の原油価格の高騰から続く値上げラッシュに、消費者マインドも変化しているようですね。

戦争と経済制裁はインフレ要因のひとつ

第二次世界大戦後、日本はひどいインフレに見舞われました。
世界中が貿易と金融取引でつながった現代では
自国が戦争をしていなくても、インフレが起こります。

➲ 日本は戦争をしなくても輸出入から影響を受けやすい

　コロナ禍で停滞していた世界経済にようやく回復の兆しがみえてきた2022年2月、ロシアが突如ウクライナ侵攻を開始。世界経済は再び大混乱に陥ります。日本を含む主要国は、ロシアに対する「経済制裁」を実施しました。経済制裁とは、他国への不当な侵攻や核開発など、国際ルールに反した行為を行った国に対し、経済的手段で制裁を加えるもの。対ロシアの経済制裁として、半導体などの輸出禁止、国際的な決済ネットワーク（SWIFT）からの排除、ロシアからの石油・石炭の原則輸入禁止、ロシアのもつ日本国内の資産凍結などが行われました。

　対ロシアの経済制裁は、ロシア経済にダメージを与えることで、軍事行動の中止や縮小を促そうとするものですが、同時に世界経済へのダメージもまぬがれません。というのは、ロシアは石油・天然ガスの輸出大国であり、ウクライナとともに小麦やトウモロコシの輸出大国でもあるからです。両国の戦争と経済制裁によって世界的な需給バランスが崩れ、小麦や原油価格は高騰しました。日本は、小麦もトウモロコシも原油も自国での調達が難しいので、価格が高くても輸入に頼るしかありません。

　輸入物価が高くなれば、国内物価も上昇します。遠い国の戦争や経済制裁も私たちの暮らしに直結してくるのです。

● 供給が追いつかず、インフレになるのは今も昔も同じ

[第二次世界大戦後]

 需要  満洲から
たくさんの人が
引き上げてきて
人が増えた

供 給  軍事工場ばかりに
なっていたので、
生活用品をつくる
工場が少ない

[1970年代]

需要はあるのに
供給が
追いつかない

1973年のオイルショックでは社会不安が広がり、各地で買いだめ騒ぎが発生。スーパーの棚からは、トイレットペーパーが消えました。

[現在の日本]

需 要 生活に
必要なものを
買い求める

供 給  原油や小麦など
輸入に頼っている
ものは、
供給が落ちる

ロシアのウクライナ侵攻を背景に原油や小麦などの供給が低下。輸入物価の上昇分が小売価格に転嫁され、私たちの生活を直撃しました。必需品の多くを輸入に頼っている日本は、外的要因によるインフレが起こりやすいともいえます。

自然災害は物価を左右する?

2024年1月に発生した能登半島地震の経済的な影響は
1.1〜2.6兆円と推計されています。自然災害は
国の経済活動や物価にどのような影響を与えるのでしょうか。

災害が起こった地域にもよるが、あまり左右されない

　ある日突然起こる自然災害は、私たちの生活に深刻な被害をもたらします。ここでは経済活動や物価への影響をみてみましょう。

　自然災害による経済的影響としては、まず被災地の工場や道路などの毀損があげられます。被災者もすぐに働くことはできません。モノやサービスを提供する基盤が損なわれるため、供給力が著しく低下します。

　特に東日本大震災では、原子力発電所が被害を受けたことで、被災地だけでなく、広範囲で電力の供給力が低下。自動車生産などに甚大な被害をもたらしました。消費者側にも放射能被害や将来への不安が広がったことなどから、消費者の景況感は著しく悪化しました。モノ不足や供給網の混乱の懸念から、物価上昇率も上がるのではないかといわれていました。しかし実際は、阪神・淡路大震災後も東日本大震災後も、消費者物価指数の大きな変動はありませんでした。供給力が低下すれば、物価は上がりそうに思われますが、需要自体が減っていたこともあり、供給力が徐々に回復して、バランスがとれたのではないかと考えられます。

　つまり、被災地における経済的影響が、そのまま物価など国全体の経済活動に反映されるわけではないといえるでしょう。ただし、経済、金融、政治などの機能が集中する東京に甚大な自然災害が起こった場合は、国の経済活動や物価に影響する可能性も大いにあり得ます。

◎ 東日本大震災当時の指標

① 消費者マインド（消費者態度指数）

（被災前期＝100）

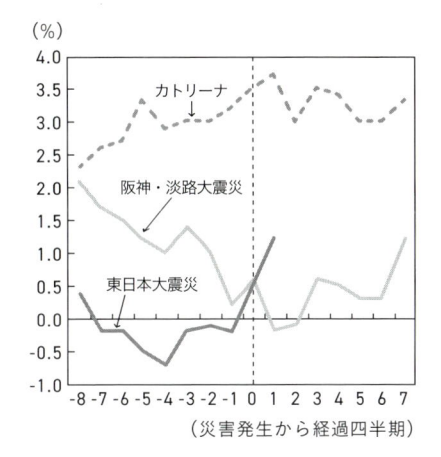

（災害発生から経過四半期）

② 期待物価上昇率

（%）

（災害発生から経過四半期）

③ 被災地域の消費者物価指数（総合）

（被災前月＝100）

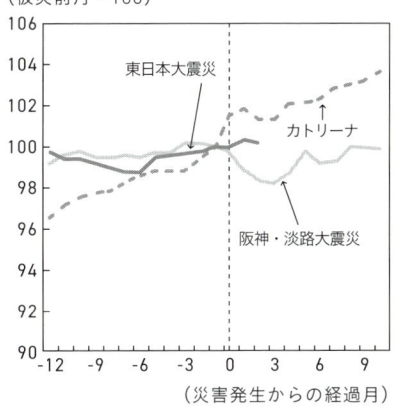

（災害発生からの経過月）

（内閣府「平成23年度年次経済財政報告」より）

（備考）
① アメリカの消費者マインドはロイター・ミシガン大学の調査による先行きの景況感（景気に対して消費者が感じる印象）。
② アメリカの期待物価上昇率は、「今後12か月の間、平均として約何％物価が変動すると思いますか」の中央値。
③ アメリカの消費者物価は南部のもの。

1995年の阪神・淡路大震災、2011年の東日本大震災、2005年のアメリカのハリケーン・カトリーナ上陸による経済的影響を比較しました。東日本大震災後は消費者マインドが著しく落ち込み、期待物価上昇率も急上昇していますが、消費者物価指数はほぼ変わっていません。

少子高齢化はインフレ要因？

少子高齢化がどんどん進んでいる日本。
子どもや若者が減り、高齢者が多い社会になると、
物価にはどのような影響を及ぼすのでしょうか。

少子高齢化により高齢者に労働力を求めるように

　厚生労働省の人口動態統計によると、2023年の合計特殊出生率[*1]は過去最低の1.20。1974年以降、現在の人口を維持するために必要な水準とされる2.1を大幅に下回る状況が続いています。

　その一方で着実に伸び続けているのが、平均寿命です。2023年の調査によると、65歳以上人口は3,624万人で、総人口1億2,495万人に占める割合（高齢化率）は、29.0％となっています。2070年には2.6人にひとりが65歳以上になると推計されています[*2]。

　少子高齢化は、経済活動の担い手の減少を意味します。経済活動を中心となって支える生産年齢人口（15〜64歳）は1995年が最も多くて8,716万人。総人口の69.5％を占めていました。少子高齢化の進展とともに減少し、2023年の生産年齢人口は7,400万人、総人口に占める割合は59.4％と、ピーク時に比べて約10％の減少となっています。

　深刻な人手不足時代が懸念されるなかで、急増しているのが“働く高齢者”です。平成30年間（1989〜2018）をみてみると、就業者全体に占める60歳以上の割合は10.7％から20.8％と倍近くに増えています[*3]。生産年齢人口を拡大できれば、労働力減少のスピードを遅らせることができ

*1　合計特殊出生率／ひとりの女性が一生の間に産む子どもの数の平均。15〜49歳の女性が生んだ子どもの数を、各年齢別の人口で割って合算したもの。
*2　厚生労働省「将来推計人口（令和5年推計）の概要」より
*3　厚生労働省「労働力調査」より

◎ 60歳以上の常用労働者は年々増えている！

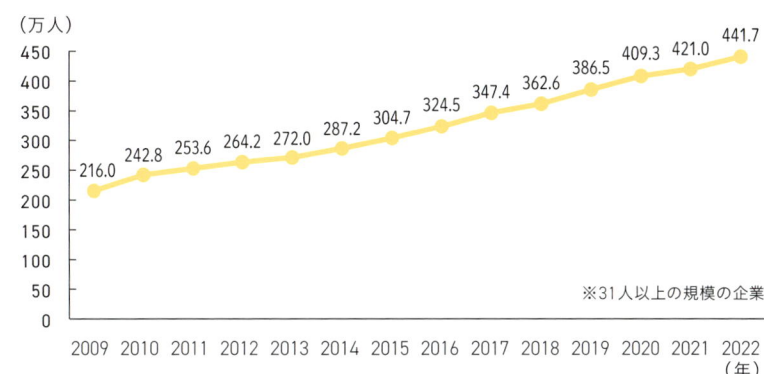

（万人）

年	数値
2009	216.0
2010	242.8
2011	253.6
2012	264.2
2013	272.0
2014	287.2
2015	304.7
2016	324.5
2017	347.4
2018	362.6
2019	386.5
2020	409.3
2021	421.0
2022	441.7

※31人以上の規模の企業

（厚生労働省「令和4年高年齢者雇用状況等報告」より）

従業員31人以上の企業における60歳以上の常用労働者数の推移を示したグラフです。60歳以上の常用労働者数は増え続けており、2022年は前年から約226万人増加して、約442万人となっています。

るかもしれません。

供給力はゼロになるが、需要は何歳になってもある

　では少子高齢化は、物価にどのような影響を及ぼすのでしょうか。高齢者が増えて若者が減れば、「経済の活力が弱まってデフレになりそうだな」と思う人もいるかもしれません。確かに60歳や70歳を超えて元気に働いていた人もいずれは引退しますから、モノやサービスをつくる力はゼロになります。けれども、生きている限り、消費がゼロになることはありません。**水準は下がるかもしれませんが、暮らしのなかではさまざまなモノやサービスが必要です。**少子高齢化が進んでいけば、「供給する力はゼロだが、ある程度の需要はある」という世代が増えるので、供給力不足からインフレになるのではないかと考えられます。ただ、少子高齢化は急激に起こるものではなく、少しずつ進むものです。また、物価にはさまざまな要因が複雑にかかわっていますから、少子高齢化だけの物価への影響をとらえるのは難しいといえます。

年齢別就業人数と就業率（2023年）

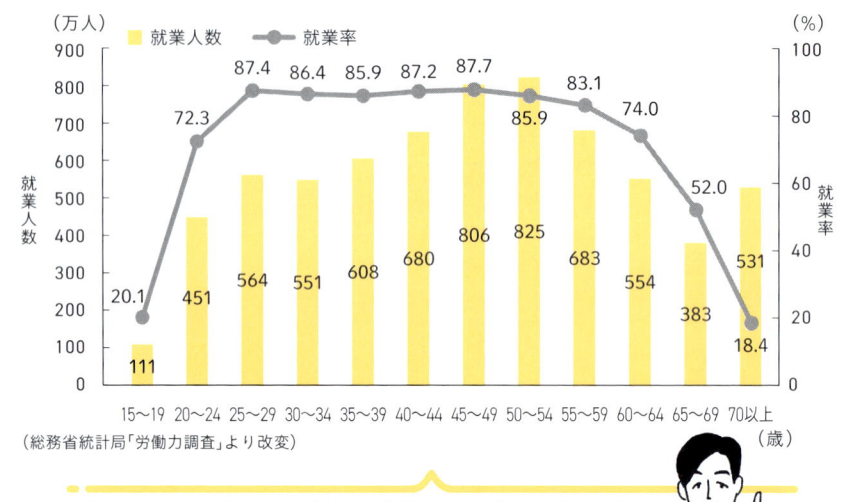

（総務省統計局「労働力調査」より改変）

就業人数（万人）: 15〜19: 111、20〜24: 451、25〜29: 564、30〜34: 551、35〜39: 608、40〜44: 680、45〜49: 806、50〜54: 825、55〜59: 683、60〜64: 554、65〜69: 383、70以上: 531

就業率（%）: 15〜19: 20.1、20〜24: 72.3、25〜29: 87.4、30〜34: 86.4、35〜39: 85.9、40〜44: 87.2、45〜49: 87.7、50〜54: 85.9、55〜59: 83.1、60〜64: 74.0、65〜69: 52.0、70以上: 18.4

仕事についている人と、その割合を年齢別に示したグラフです。60歳を超えても働いている人の割合は高く、60〜64歳では74%、65〜69歳では52%となっています。70歳以上で働く人も531万人とかなり多いですね。

高齢になると非正規雇用が多くなるため賃金が下がることが多い

　近年は働く高齢者が急増しています。実際、高齢者の就業意欲は非常に高いことがわかっています。「高齢者の経済生活に関する調査」（令和元年度）によれば、現在収入のある仕事をしている60歳以上の人の約4割が「働けるうちはいつまでも」働きたいと回答。「70歳くらいまで、またはそれ以上まで」という回答を合わせると約9割にも上ります。

　しかし、現状、60歳以上の正規雇用の求人は少なく、非正規雇用がほとんど。年功序列の給与体系で定年まで勤め上げた人が再就職をしようとした場合、賃金は大幅に下がることが多いと考えられます。

　「もう年金をもらっているから安心」というわけにもいきません。景気がよくなって物価や賃金が上がれば支給額も上がりますが、マクロ経済スライド（→P136）で調整されるので、実質的には目減りすることになります。インフレで預金も目減りするとなれば、賃金が低くても働かざるを得ないという人も少なくないでしょう。

2 - 20

非正規雇用が増えると物価は上がりにくい

日本では1990年代後半から、派遣社員やパートなど
非正規雇用で働く人々が増えています。雇用形態の変化は
物価にどのような影響を与えているのでしょうか。

⇨ 正規雇用とは期間を決めずにフルタイムで働く契約を結ぶこと

　正規雇用と非正規雇用のちがいは、労働時間と賃金水準、そして雇用期間です。正規雇用は期間が定められていません。会社が倒産してしまったり、社内規定に著しく違反する行為を行ったりしたときは別として、本人が辞めたいと申し出ない限り、定年まで働けます。勤務時間は、1日8時間勤務で週5日間などのフルタイムが一般的です。

　給与形態は多くの場合、賃金が固定されている固定給です。1か月や1年など一定期間の労働に対する給与が決まっています。固定給に加えて、残業手当や住宅手当、家族手当などの各種手当やボーナスが支給されるケースがほとんどです。

⇨ 非正規雇用は期限があり働き方が比較的自由

　非正規雇用とは正規雇用以外の雇用形態の総称で、アルバイト・パート、契約社員、派遣社員などがあります。労働契約や給与形態はそれぞれ異なりますが、転勤がないことが一般的です。勤務地や仕事内容、勤務時間などの希望をかなえやすく、比較的自由な働き方ができるといえるでしょう。

◆ 正規雇用と非正規雇用の推移と主なちがい

年	正規	非正規
1984年	正規84.7%（3333万人）	非正規18.3%（604万人）
1989年	正規80.9%（3452万人）	非正規19.1%（817万人）
2012年	正規64.8%（3345万人）	非正規35.2%（1816万人）
2013年	正規63.4%（3311万人）	非正規36.6%（1911万人）
2014年	正規62.6%（3298万人）	非正規37.4%（1968万人）
2015年	正規62.6%（3327万人）	非正規37.4%（1987万人）
2016年	正規62.5%（3380万人）	非正規37.5%（2024万人）
2017年	正規62.8%（3441万人）	非正規37.2%（2039万人）
2018年	正規62.2%（3498万人）	非正規37.8%（2124万人）
2019年	正規61.8%（3521万人）	非正規38.2%（2171万人）
2020年	正規62.9%（3563万人）	非正規37.1%（2198万人）
2021年	正規63.3%（3596万人）	非正規36.7%（2075万人）
2022年	正規63.1%（3597万人）	非正規36.9%（2101万人）
2023年	正規63.0%（3615万人）	非正規37.0%（2124万人）

（総務省統計局「労働力調査」より）

	正規雇用	非正規雇用
勤務地と勤務時間	企業方針に従う。転勤があるかも。基本フルタイム。	転勤なし。時短勤務やシフト制など自由度が高い。
雇用期間	特になし。	年単位、月単位。更新されないことも。
給与	一定の労働について給与額があらかじめ決められている。	時給制など働いた分だけ支払われる。
福利厚生	住宅手当、資格手当などの法定外福利厚生が適用。	限定的。要件を満たせば、正規雇用と同様に社会保険に加入。

❤ 雇用形態・年齢・性別による賃金

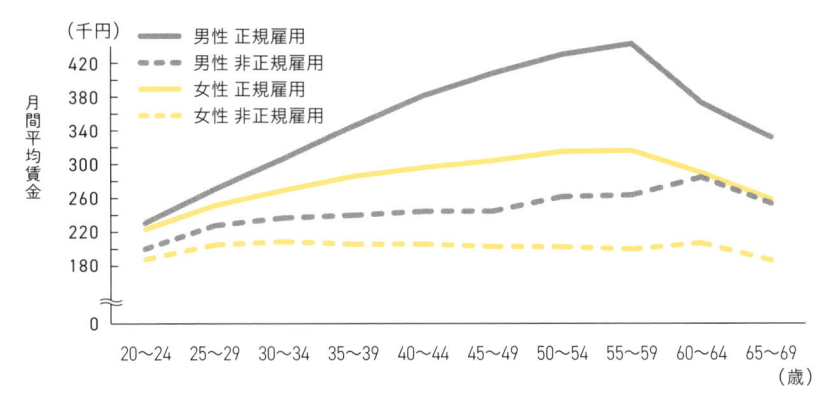

（厚生労働省「令和5年賃金構造基本統計調査」より）

正規雇用と非正規雇用の賃金を、男女別・年齢別に示したグラフです。正規雇用でも男女で賃金差があるうえに、正規雇用と非正規雇用でも賃金差があることがわかります。特に非正規雇用の60代以上の賃金が低くなっています。

　契約社員は、最長3年の就業期間を定めた有期雇用で、期間がおわれば自動的に終了します。実際には1年の有期雇用契約を結び、企業からの申し出で契約を更新、あるいは終了するケースが多いようです。通常、給与は固定給で、正社員のような昇給や昇格はありません。

　派遣社員は、派遣先ではなく、人材派遣会社と雇用契約を結ぶ労働形態です。雇用期間は本人・派遣会社・派遣先企業の合意のもと、柔軟に決めることができます。契約終了後も、人材派遣会社が次の派遣先を紹介してくれるのが一般的。給与はアルバイトやパートと同じ時給制です。

⤵ 日本は非正規雇用が増えている

　日本の正規雇用は1999年から2014年まで緩やかに減少。その一方で増え続けてきたのが非正規雇用です。1990年に881万人だったのが、2022年には2,101万人と労働者全体の約4割を占めるようになりました。

　なぜこれほど非正規雇用が増えてきたのでしょうか。企業側のメ

● 非正規雇用が増えると賃金が上がりにくい

非正規雇用

毎日9時から
15時まで働く

週に3日間だけ
働く

働き方は自由。しかし、賃金はあまり増えない

リットは何といっても「人件費の抑制」です。日本はプラザ合意[*1]後の急速な円高とバブルの崩壊で、長期にわたるデフレに突入。円高で上がりすぎた賃金を抑えるために、注目されたのが非正規雇用でした。

正規雇用は「固定給＋年功序列＋終身雇用」で人件費がかかり続けますが、非正規雇用は働いた分だけの給与を支払えばよく、昇給や昇格、ボーナスもありません。また、業務の繁閑や景気の変動に応じて、雇用人数や労働時間の調整も可能。第1次・第2次産業から第3次産業へと産業構造が変化するなか、「雇用の調整弁」として機能してきたのです。

労働者側が非正規雇用を選ぶのは「自分の都合のよい時間に働けるから」という理由が最も多く、36.1％（2019年）に上っています。一方で「正社員として働ける会社がなかったから」という人も、12.8％います。

非正規雇用の賃上げは不可欠

では、このような非正規雇用の拡大と、景気や物価との関係を考えてみましょう。景気をよくして物価を上げるには需要（消費）を増やすことが大事です。そのポイントが「賃上げ」でした。

人手不足が深刻化するなか、非正規雇用の賃金水準は伸びています

*1 プラザ合意／ドル高を是正するために、1985年9月のG5（先進5か国蔵相・中央銀行総裁会議）で発表された為替レートの安定化に関する合意のこと。

が、正社員ほどの水準には届いていません。厚生労働省の令和5年賃金構造基本統計調査では、正規雇用の年額平均336万3,000円に対し、非正規雇用は226万6,000円[*2]。時給ベースで換算しても、非正規雇用は正規雇用の7割弱で、賃金格差があるのが現状です。自由に使えるお金が少ないうえ、いつ雇い止めにあうかという不安もあります。この状況ではモノやサービスをたくさん買おうという気持ちにはなれないでしょう。

　非正規雇用の賃金水準が上がらなければ、正規雇用の賃金水準が上がっても、全体の底上げにはつながりません。近年は無期転換ルール[*3]や同一労働同一賃金[*4]などの法整備も進んでいます。賃金と物価、景気の好循環を生み出すためにも、非正規雇用の賃上げは不可欠だといえます。

[*2] 厚生労働省「令和5年賃金構造基本統計調査」より
[*3] 無期転換ルール／同一企業との有期労働契約が5年を超えて更新された場合、労働者からの申し出で期間の定めのない無期契約に転換できる。
[*4] 同一労働同一賃金／正規雇用か非正規雇用かにかかわらず、同一企業内で同じ労働には同じ賃金を支払うというもの。

失業率が下がると
物価が上がる

景気の波を反映する失業率は、政治判断において
最も大事な経済指標ともいわれています。
物価とはどのような関係があるのか、みていきましょう。

⟳ 失業率とは仕事を探しているのに
仕事につけない人の割合

　失業率と物価は関係があるのか、疑問に思う人もいることでしょう。失業率は日本だけでなく、世界各国において、景気動向の把握や政策判断に用いられる重要な指標となっています。新型コロナウイルス感染症拡大で、経済大打撃を受けたアメリカでは、2020年4月に失業率14.7％を記録しました。これは1930年代の世界恐慌以来の最悪の水準となり、大きく報道されました。失業率は、労働力調査[*1]の統計上では「完全失業率」のこと。「労働力人口」に占める「完全失業者」の割合で、「完全失業者÷労働力人口×100」で求められます。

　まず、労働力人口から説明しましょう。日本の人口のうち、15歳以上は、「労働力人口」と「非労働力人口」に分けられます。働く意欲のある人が労働力人口で、働く意欲がなく仕事をしていない人が非労働力人口です。学生や専業主婦、高齢者など、仕事を探していない人は非労働力人口に該当します。

　次に完全失業者とは、「現在、職についていない」「求職活動を行っている」「仕事があれば、すぐに就業できる」の3つの条件を満たす人のことをさします。求職活動の方法は問われません。ハローワークの登録

*1　労働力調査／就業・不就業の実態を調べる調査で1947年7月から本格的に実施。雇用政策などの
　　基礎資料を得ることが目的。

● 実質GDP成長率が上がるほど失業率は低くなる（オークンの法則）

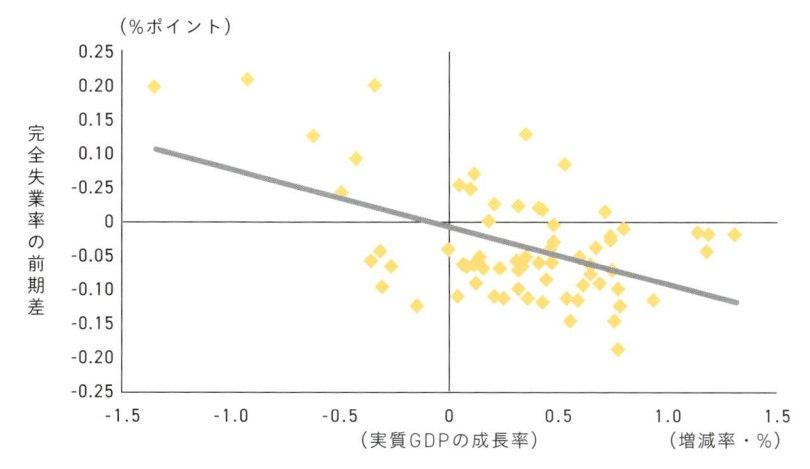

（内閣府「国民経済計算」、総務省統計局「労働力調査（基本集計）」をもとに作成）

完全失業率の前期差を縦軸、実質GDP成長率を横軸にとったグラフです。実質GDP成長率が高くなると、完全失業率が低くなる傾向がみてとれます。

はもちろんのこと、求人情報誌をチェックしたり、知人に仕事の紹介を依頼したりすることも求職活動に含まれます。

　日本の完全失業率は2％前後で推移していましたが、バブル崩壊を契機に上昇をはじめ、2002・2003年とリーマンショック後の2009年には過去最高の5.5％を記録しています。景気の悪化に伴って、仕事につきたくてもつけない人が急激に増えてしまったのです。

　それ以降は順調に下がっていたものの、2020年には新型コロナウイルス感染症拡大の影響で2.8％に上昇しました。とはいえ、諸外国に比べるとかなり低い水準を維持しているのが特徴です。

実質GDPが上がり失業率が下がる
オークンの法則とは

　実質GDPは「経済成長率（実質経済成長率・実質GDP成長率）」を求め

るときにも使われます。国の経済活動がどのくらい成長したかを表す指標で、「(今期の実質GDP－前期の実質GDP)÷前期の実質GDP×100」で求められます。

　経済学で有名な理論に「経済成長率が上がると、完全失業率は低下する」というものがあります。アメリカの経済学者アーサー・オークンが提唱した「オークンの法則」と呼ばれるもので、多くの国々で現象として確かめられています。==経済成長率が上がる、つまり国の経済活動が大きくなれば雇用が増えて失業率が下がる==というのは、確かに納得しやすい現象ですよね。

🔄 景気がよくなってくれれば失業率は下がる

　オークンの法則によると、実質GDP成長率が上昇すれば、完全失業率は下がるということ。これは景気がよくなっている、つまり経済活動が活発になって景気の山に向かっている局面です。企業がモノやサービスをたくさん売ることができるので、たくさんつくるために人手が必要になります。すると、多くの人が仕事につけるようになるので、完全失業率が下がるわけです。

　とはいえ、失業率がゼロになればよいかというと、そうともいえません。完全失業率がゼロになる、つまり経済活動が大きくなって雇用が増えて景気がよくなると、物価もどんどん上がってしまうからです（→P132）。景気と失業率、物価のバランスをどのようにとっていくか。これも経済学の重要な課題のひとつです。

🔄 失業率が下がるほど賃金は上がる

　失業率が下がると、雇う側よりも働く側が有利となり（売り手市場）、企業は高い賃金を払わないと優秀な人材を採用できなくなります。つまり、失業率が下がると賃金が上がりやすくなるのです。

　この当たり前に思える理論を大量のデータ分析で裏付けしたのが、イギリスの経済学者、アルバン・ウィリアム・フィリップスです。名

● フィリップス曲線とは

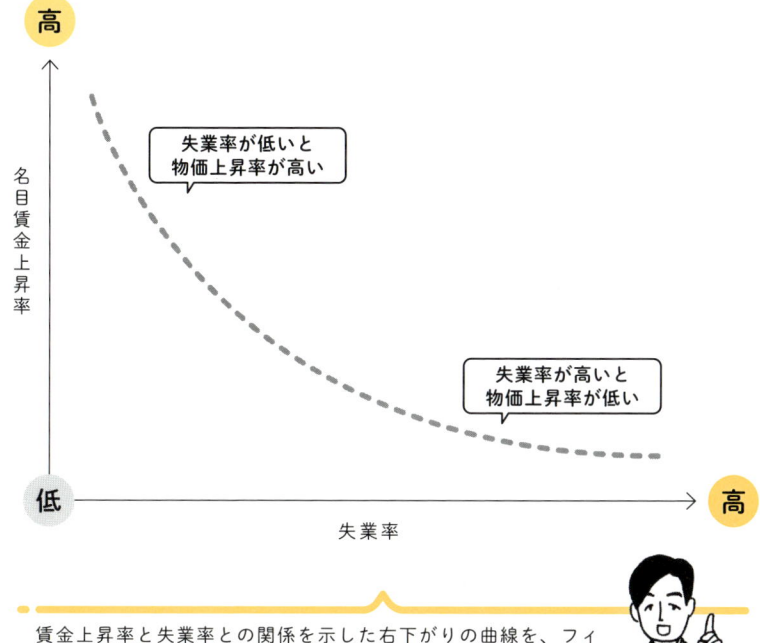

高

名目賃金上昇率

失業率が低いと
物価上昇率が高い

失業率が高いと
物価上昇率が低い

低 → 高

失業率

賃金上昇率と失業率との関係を示した右下がりの曲線を、フィリップス曲線といいます。賃金が高いほど失業率は下がり、賃金が低いほど失業率が高くなるという関係があります。

目賃金の上昇率を縦軸に、失業率を横軸にとって両者の関係を表すと、右下がりの曲線を描くことを明らかにしました。これを「フィリップス曲線」といいます。

　フィリップス曲線が注目されるようになったのは、失業率と物価にも同様の関係があることがわかってきたからです。失業率が下がって賃金が上がれば、物価も上昇します。賃金が上がるのは、モノやサービスがたくさん売れる、景気がよい証拠だからですね。すると、フィリップス曲線の縦軸にした名目賃金上昇率は「物価上昇率（→P94）」に置き換えられます。失業率と物価上昇率の関係は、景気の動向をみながら金融政策をコントロールするうえで、重要な指標のひとつとされています。

失業率が低いのはよいが
下がりすぎると
インフレが加速する

景気がよくなって失業率がゼロになれば
みんなが幸せになるかと思いきや、実はそうではありません。
失業率がゼロになると、物価が高くなってしまうのです。

失業率がゼロだとインフレになりすぎる

物価上昇率と失業率の関係をみると、失業率が低くなるほど、物価が上がるということになります。 失業率が下がるのはうれしいことですが、物価が高くなりすぎる、つまりインフレになりすぎるのは困ります。物価と失業率の関係は、どちらかをとったらどちらかをあきらめなければならない、トレードオフの関係にあるといえます。

ただ実際は、景気がよくて求人が増えたら、失業率はゼロになるかといえばそうはなりません。求人の数は増えれば、勤務地や年齢、スキルなどが求職者と折り合わないというケースは必ずあるからです。また、仕事を探す人と募集する人のタイミングのズレも生じます。

このように景気にかかわらず、一定に生じる失業者の割合を「均衡失業率」あるいは「構造失業率」といいます。均衡失業率を考えると、完全失業率2.5％くらいはインフレを許容するのが妥当だと考えられていますが、1％台が妥当だという人もおり、統一見解は出ていません。

最近は失業率が下がっても
物価は上がらないことも

日本の完全失業率は、バブル崩壊後やリーマンショック後に5％を超

● 実際の物価と失業率

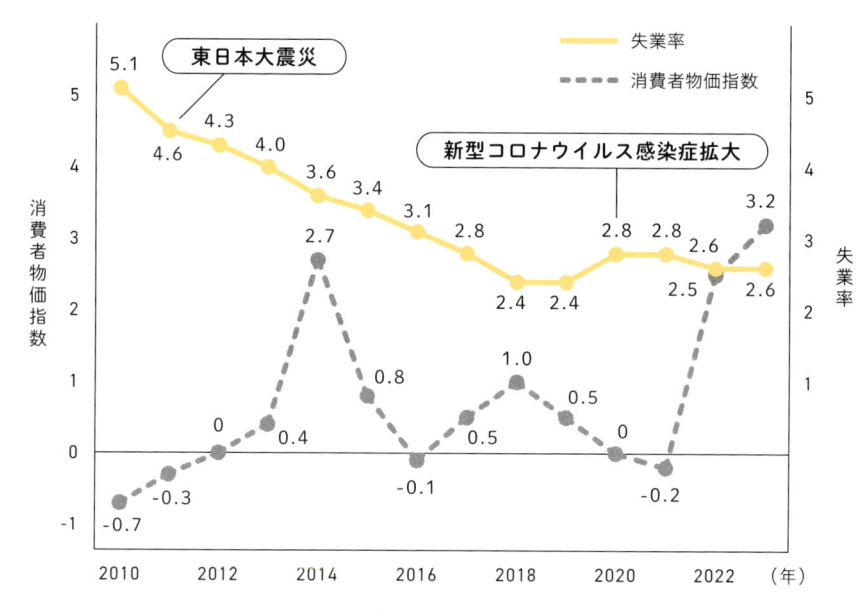

（総務省「統計局労働力調査年報」「消費者物価指数」より）

この10年ほどで日本の完全失業率は2％台まで低下しました。けれども、消費者物価指数は、消費税率引き上げ（2014年）と輸入物価上昇の影響はあなどれません。

えることもありましたが、2012年以降は低下し続け、2018年にはバブル期とほぼ同じ水準の2.5％前後に達しました。

　しかし、物価も賃金もフィリップス曲線（→P113）で期待されていたほどの上昇はみられませんでした。以前に比べて、失業率と物価や賃金との関係が弱まっているのではないかといわれています。

　日本では長期間デフレが続いたことで、「今後もデフレが続くだろう」「インフレは起こらないだろう」という気持ち（予想）が広がりました。「無理に賃上げするよりも、雇用を安定させたい」と考えて賃上げ要求が弱くなり、賃金上昇につながらなかったのではないかと考えられます。また、賃金の低い非正規雇用者が増えたことで、労働者全体の賃金が上がりにくくなったという要因も指摘されています。

2 - 23

有効求人倍率が
下がるほど
物価も下がる

有効求人倍率は、求職者ひとり当たりの求人件数を表すもので、
失業率と同じく、景気を反映する経済指標です。
景気が悪いと有効求人倍率は下がり、物価も下がります。

→ 有効求人倍率は景気動向指数のひとつ

「有効求人倍率」は完全失業率と同様に、労働市場の現状を把握するための重要な指標です。

　ハローワークの求職者ひとりにつき、何件の求人があるかを示す指標で、「月間有効求人÷月間有効求職者数」で算出されます。ハローワークでは、申込月から翌々月末までの2か月間を有効期間としており、その期間内の求人・求職数から算出されています。有効求人が50件で、有効求人者数が100人なら、有効求職倍率は0.5倍です。全国のハローワークにおける求人・求職・就職の状況を、厚生労働省が毎月、「一般職業紹介」として取りまとめており、そのなかで公表されています。

　一般に、景気がよいときには有効求人倍率は高くなり、完全失業率は低くなります。逆に景気が悪いときには有効求人倍率は低くなり、完全失業率は高くなります。有効求人倍率は、景気とほぼ一致して動く性質があるので、景気動向指数の一致指数を構成する10指標のひとつとなっています。

　ただし、有効求人倍率には、ハローワーク以外の求人雑誌や民間の転職サイトの求人件数、新卒者数などは反映されておらず、雇用状況を完全に網羅しているわけではありません。

❶ 有効求人倍率が高いとどうなる？ 低いとどうなる？

高い

・仕事につきやすくなる

・企業側は積極的雇用を進めている

↓

求職者に有利な
売り手市場

↓

物価が高くなる

低い

・仕事につきにくい

・企業側は雇用する余裕がない

↓

求職者に不利な
買い手市場

↓

物価が安くなる

⤳ 失業率がそこそこ低く、有効求人倍率がそこそこ高いのが理想

　一般に有効求人倍率の目安とされているのが「1倍」です。有効求人倍率が1倍を上回るときは、求職者ひとりにつき1件以上の求人があるので、求職者に有利な「売り手市場」だといえるでしょう。企業が積極的に雇用を増やそうとするほど、モノやサービスが売れる状況、つまり景気がよいので物価は上昇しやすいと考えられます。

　逆に、有効求人倍率が1倍を下回る場合は、求職者ひとりに対して求人が1件未満。求職者が余っているので、企業側が有利な条件で雇用しやすい「買い手市場」といえますが、景気は悪いので物価は低くなりがち。物価とのバランスを考えると、失業率は高くなく、有効求人倍率がそこそこ高いのが理想といえるかもしれません。

　日本の有効求人倍率はリーマンショック後に急激に低下し、0.44倍にまで落ち込みました。その後は順調に回復し、1.6倍ほどになったものの、新型コロナ感染症拡大の影響で1倍前後に低下。現在は1.3倍前後で推移しています。

第**3**章

物価が上がると
生活はどうなる？

監修：斎藤太郎（ニッセイ基礎研究所 経済研究部 経済調査部長）

物価が上がると
お金の価値は下がる

1万円があれば誰でも「1万円分の買い物ができる」と思います。
しかし、"1万円分の価値"はずっと同じではありません。
物価に反比例して、お金の価値は上がったり下がったりするのです。

お金の価値は物価と反比例して変動する

第一次世界大戦前までは、多くの国で、通貨は「いつでも金と自由に交換できますよ」という約束のもとに発行されていました。希少価値の高い「金」によって、通貨の価値が裏付けられていたのです。これを「金本位制度」といいます。

しかし、通貨の発行量が各国の持つ金の量に縛られるため、戦争など大量の通貨が必要なときにうまく対応できません。経済成長を停滞させてしまう懸念もあり、金本位制は廃止されました。

では現在のお金の価値は、何に裏付けられているのでしょうか。さまざまな加工が施されているとはいっても、1万円札はただの紙です。それ自体の価値はないのにもかかわらず、お財布のなかに1万円札があれば「1万円分の買い物ができる」と誰もが思いますよね。これは、**政府や中央銀行が通貨の価値を保障し、人々がそれを「信用」しているからです。お金の価値は「信用」で成り立っているわけです。**

ただし、このお金の価値はずっと同じとは限りません。今から50年前の"1万円"の価値を消費者物価指数から探ってみましょう。今の物価が昔と比べて、どのくらいの水準になっているかを計算してみます。

2020年の消費者物価指数を100とした場合、2023年の消費者物価指数は105.6です。50年前の1973年の消費者物価指数は38.6ですから、

● 物価とお金の価値の関係

［物価が上がる］

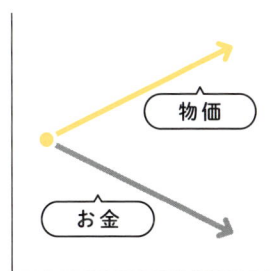

物価が上がる＝モノの値段が上がる

⬇

モノを買うのに、
より多くのお金が必要になる

⬇

お金の価値が下がる

ワンコインでお弁当が買えたのに

物価が
上がると

ワンコインでお弁当が買えなくなる

以前は500円でお弁当を買えたのに、物価が上昇したら550円になりました。"500円"の価値が下がったため、その金額で買えるモノやサービスが少なくなっています。

「105.6÷38.6≒2.7」から、物価はおよそ2.7倍になっています。50年前は1万円あれば買えたモノが、今は2万7,000円持っていないと買えないということですね。物価が上がったことで、より多くのお金が必要になっています。

　また、当時1,000万円の預金を持っていて、将来のために使わずにとっておいても、50年後には、366万円くらいの買い物しかできなくなってしまう……。これはガッカリしてしまいますよね。逆に物価が下がれば、1万円でより多くのモノやサービスが買えます。このように**お金の価値は、物価と反比例して変動するのです。**

インフレになるとお金の価値は相対的に下がる

　インフレとは「インフレーション」の略で、モノやサービスの値段が全般的に上がり続けている状態をさします。新型コロナウイルス感染症流行時に、マスクや消毒用アルコールが急に値上がりしたのは記憶に新しいところですね。ただ、個別のモノが値上がりしただけでは、インフレとはいいません。**インフレかどうかは、消費者物価指数（→P22）から判断されます。**

　たとえば1974年、第1次オイル・ショック後に、日本で急激な物価高騰が起こりました。消費者物価指数の前年比上昇率（インフレ率）は20％を超え、「狂乱物価」と呼ばれたほど。それまで1,000円で買えていたものが、1,200円以上でないと買えなくなったということは、お金の価値が相対的に下がったことを意味します。100万円の貯金も、実質的には83万円[*1]に目減りします。

　ただ、インフレ率以上に賃金が上がれば話は別です。賃金が上がれば、人々はモノやサービスをたくさん買うようになるので、企業の売上利益は上がります。するとさらに賃金がアップする……。このようなサイクルの緩やかなインフレは望ましいものだと考えられています。

[*1] 1,000,000÷1.2＝830,000。元の金額をインフレ率で割ると実質的な金額が算出される。

物価が上がると短期的に生活が苦しくなる

スーパーに行くたびにモノの値段が上がっていて生活が苦しい。
そんなふうに感じている人は多いのではないでしょうか。
物価の変動による家計への影響をみていきましょう。

🔄 物価が上がっても賃金はすぐには上がらない

　近年は、ガソリンや食料品、日用品などの値上げが続きました。コロナ禍からの世界経済回復に伴う供給網の混乱と、ロシアのウクライナ侵攻が大きな要因です。物価はこのような世界情勢を含めて、景気、貿易、各国の金融政策など、さまざまな要因で変動します。

　しかし価格の変動に比べ、賃金はすぐには上がりません。正社員でも昇給の機会はせいぜい年1回程度で、派遣社員やパートなどの非正規労働者は昇給制度が整っていないケースが大半です。

　値上げラッシュが続いた2022年度の消費者物価指数は103.2で、前年と比べて3.2％伸びています。具体的には、どのくらい家計に影響を及ぼしたのかをみてみましょう。毎月の支出が30万円の家計で同じ支出をしたとすると、毎月の支出は9,600円アップ。年間で考えると、11万5,200円の支出増となります。数％でもいかに物価の上昇が、家計を圧迫するかがわかりますね。

　また、銀行などの預金も、物価が上昇した分、その価値が目減りしてしまいます。たとえば、住宅の頭金として300万円を貯めていた場合、物価上昇率が3.2％なら、実質290万6,977円になってしまうということです。**物価の上昇は短期的には、家計にとって「支出が増える」「預金が目減りする」というふたつのマイナスの意味をもつのです。**

❤ 物価が上がる＝モノやサービスの値段も上がる

［例］ **100円** だった おにぎりが ▶▶▶ **120円** に！

物価が上がったからといって
急に賃金が上がるわけではない

賃金が上がるまで生活が余計苦しくなる

物価が上がっても、すぐに賃金が上がるわけではない。食料品や日用品など、生活に必要なものは高くても買わざるを得ず、家計を圧迫する。

⟳ 逆に物価が下がれば生活はラクになる

　では、物価が下がった場合はどうなるでしょうか。前年比2％物価が下がった場合を考えてみましょう。毎月の支出が30万円の家計で、同じ支出をしたとすると、毎月の支出は6,000円少なくなります。これまでと同じように買い物をしていても、年間で7万2,000円分、支出を減らせることになりますね。物価が下がれば、短期的には私たちの生活にゆとりが生まれるのです。

　物価が下がると短期的に生活はラクになりますが、企業の売上は減り、賃金も減ることになります。長期的にみれば、私たちの生活に悪影響が出てくることになります。

3-3

物価と賃金は
連動している

かつては「賃金が伸びて物価が上がる」のが当たり前でしたが、
長年デフレに陥っていた日本では物価も賃金もほとんど上がりませんでした。
最近の物価上昇は、賃金との連動につながるのでしょうか。

日本は長い間、物価も賃金も 上がらなかった

　日本はバブルの崩壊以降、20年から30年もの長い間、物価が上がらないデフレの状況が続きました。これは世界的にも異例の状況です。

　諸外国と比べてみましょう。1985年の消費者物価指数（→P22）を100とした場合、2020年までの35年間で、日本以外のG7（アメリカ、カナダ、フランス、イタリア、イギリス、ドイツ）は1.8〜2.6倍になっています。これに対して日本は35年間で1.2倍にしかなっていません。

　もうひとつ、諸外国と比べて日本だけ上がっていないのが賃金です。1991年から2020年にかけての賃金の推移をみると、アメリカは2.8倍、イギリスは2.7倍、カナダは2.3倍、ドイツは2.2倍、フランスは1.9倍、イタリアは1.8倍となりました。おおむね物価上昇と同じ割合か、それを上回る割合で賃金が上がっています。しかし、日本は約30年間で1.1倍と、ほとんど賃金が上がっていません。

　この賃金とは、労働の対価としてその国の通貨で支払われる「名目賃金」をさします。給与明細に30万円と記載してあれば、30万円が名目賃金ということですね。この名目賃金から、消費者物価指数に基づいて価格変動の影響を差し引いたのが「実質賃金」です。

　物価が上がっていても、名目賃金も同じように上がっていれば、自由に使えるお金（実質賃金）は変わりません。諸外国では労働者が賃上げ

● 賃金の引き上げには企業と労働者の話し合いが必要

物価が上がると労働者の生活は苦しくなる

YES?
NO?

労働者側

経営側

労働者が賃金の引き上げを求める

YES
企業が賃金の引き上げに応じる

物価と賃金の
バランスがとれる
（緩やかに物価が上がる）

NO
企業側が引き上げに応じない

生活は苦しいまま
（いずれデフレの状態に）

を要求して、物価上昇と賃金のバランスをとってきました。賃金のアップは経営側にとってはコスト増なので、その分を価格に反映させます。**物価が上がることで儲けが増えれば、また賃上げに応じるというように、両者が影響し合って物価も賃金も緩やかに上がっていったのです。**

　しかし、デフレが続く日本では、コスト増となる賃上げを経営者側は積極的に行いません。労働者側も「デフレだから仕方がない」とあきらめてしまい、賃上げの要求水準が低い傾向がみられました。名目賃金の上昇率は、上がった物価にも追いつくことができていないのです。

⚫ 平均給与と消費者物価指数の推移

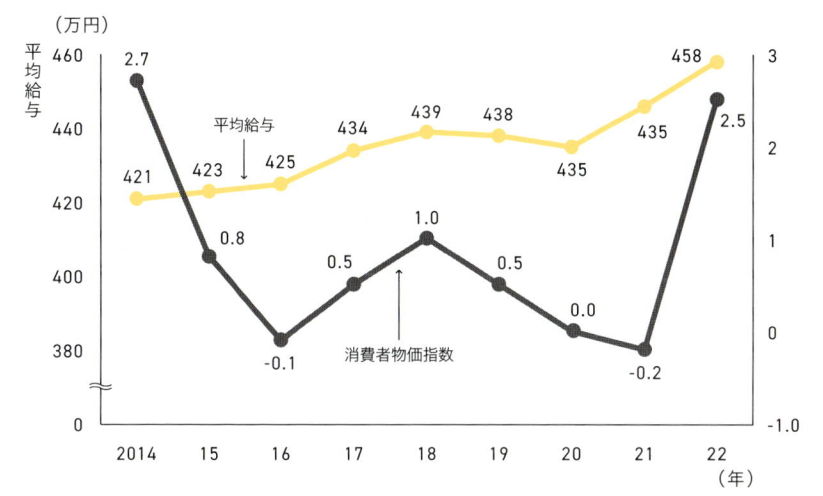

（万円）

縦軸左：平均給与

- 2014: 平均給与 421、2.7
- 15: 平均給与 423、0.8
- 16: 平均給与 425、-0.1
- 17: 平均給与 434、0.5
- 18: 平均給与 439、1.0
- 19: 平均給与 438、0.5
- 20: 平均給与 435、0.0
- 21: 平均給与 435、-0.2
- 22: 平均給与 458、2.5

消費者物価指数

（年）

（国税庁「令和4年分民間給与実態統計調査」、総務省統計局「消費者物価指数2020年基準消費者物価指数」より作成）

日本の平均給与と消費者物価指数の前年比上昇率の推移を示したグラフです。消費者物価指数が2014年に上昇しているのは、消費税率引き上げの影響です。平均給与はわずかしか伸びておらず、年ごとの物価上昇に追いついていません。

Column

コロナ後のリベンジ消費はあった？

　新型コロナウイルス感染症の流行拡大により、民間消費は外食や旅行などのサービスを中心に急速に減少しました。その後は経済活動の回復に伴い、抑えられていた民間消費が一気に拡大するのではないか、いわゆる「リベンジ消費」が期待されていました。しかし、残念ながらリベンジ消費は不発に終わり、コロナ禍前の消費水準に戻っていません。

　その理由は2022年4月からの物価高です。当初はコロナ禍で積み上がった貯蓄を取り崩して対応していましたが、物価上昇ペースの加速で、それも厳しくなりました。物価高で実質賃金も貯蓄も減っているとなれば「たくさん買うぞ！」という気にはならないでしょう。

　実質賃金が増えて、コロナ禍前の消費水準に回復するまでには、もう少し時間がかかりそうです。

賃金が物価よりも
上がるのがベスト

一般に賃金が上がれば物価が上がり、物価が上がれば
賃金が上がるというように、物価と賃金は密接な関係があります。
賃金が物価よりも上がれば、景気はよくなります。

⟳ 賃金が上がっただけでは実質賃金は上がらない

　毎月の賃金が1万円でも増えれば、家計にはゆとりが生まれるはず。しかし、それ以上に物価が上がっていたらどうでしょうか。

　たとえば「収入35万円・支出30万円・貯蓄5万円」という家計で考えてみましょう。賃金が3,000円増えたら、収入は35万3,000円です。ところが、物価が3％上昇したとすると、支出は30万9,000円に増え、貯蓄は4万4,000円に減ってしまいます。賃金は増えているのに、家計にゆとりが生まれるどころか、厳しくなっているのです。

　本当に賃金が上がったかどうかは、額面上の「名目賃金」ではなく、物価の上昇分を加味した「実質賃金」で判断しなくてはなりません（→P130）。前述の例で実質賃金がどうなるかみてみましょう。実質賃金は「名目賃金÷物価上昇率」から算出できるので、「353,000÷1.03」により、実質賃金は「約34万2,718円」となります。名目賃金は3,000円増えていても、実質的には1万円以上も減っていることになるわけです。

　==実質賃金を上げるには、名目賃金の上昇率が、物価上昇率を上回る必要があります。==もし名目賃金の上昇率が4％、物価上昇率3％なら、名目賃金は36万4,000円、実質賃金は35万3,398円です。支出が30万9,000円に増えていても、5万5,000円残りますね。実質賃金がアップしてこそ、初めて家計にゆとりが生まれるのです。

● 物価上昇率と賃金上昇率、実質賃金の関係

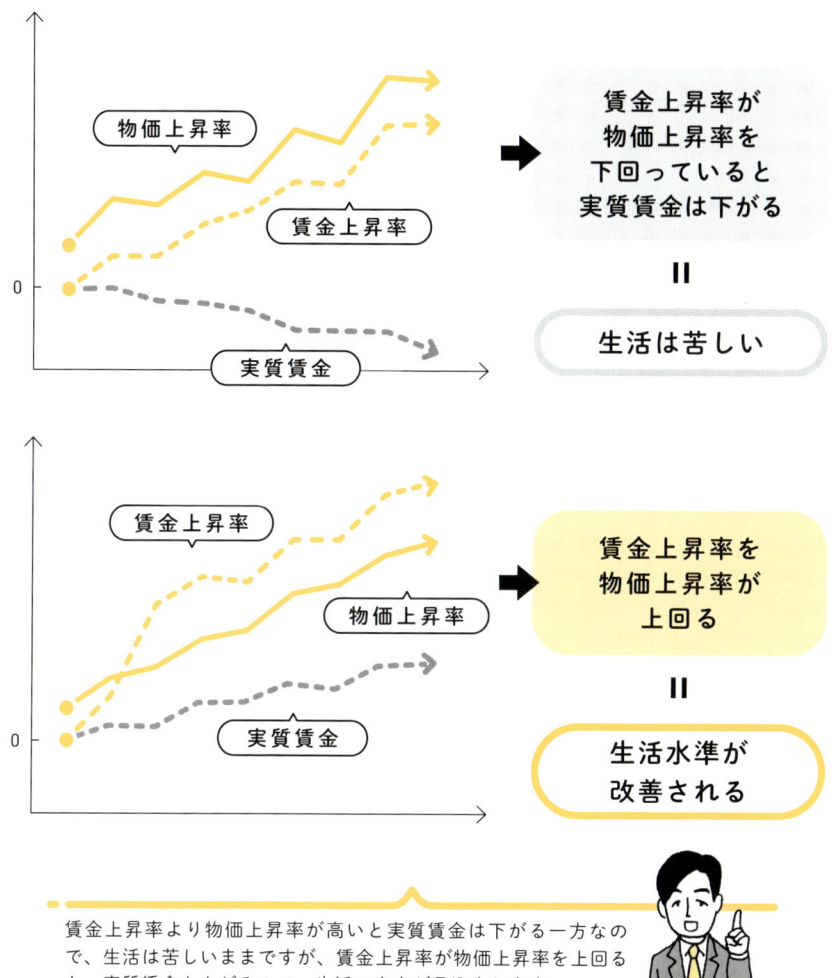

賃金上昇率が
物価上昇率を
下回っていると
実質賃金は下がる

＝

生活は苦しい

賃金上昇率を
物価上昇率が
上回る

＝

生活水準が
改善される

賃金上昇率より物価上昇率が高いと実質賃金は下がる一方なので、生活は苦しいままですが、賃金上昇率が物価上昇率を上回ると、実質賃金も上がるので、生活の安定が見込まれます。

物価も賃金もかかわり合いながら上がり続けるのがよい

　日本銀行が目標とする2%の物価上昇が安定して続くためには、「物価と賃金の好循環」が重要だとされています。

まず賃金が上昇すれば、家計にゆとりが生まれるので「たくさん買い物をしよう！」と消費が拡大するでしょう。需要が供給を上回れば、企業は値上げに踏み切ります。値上げで企業の収益が増加すれば、持続的な賃金アップが期待できます。「今後、物価も賃金も上がるだろう」という見通しが立つと、家計は安心してお金を使えますし、企業は安心して値上げも賃上げもできるわけですね。このように賃上げと物価が相互にかかわり合いながら上昇するかたちが理想的だと考えられています。

しかし、無理な賃上げにより企業収益を圧迫してしまったら、好循環は生まれません。また、名目賃金が上がっても物価上昇分を上回らなければ、つまり**実質賃金が伸びなければ、個人の消費拡大にもつながりませんから、無理なくバランスよく上昇することが大事です。**

日本ではバブル崩壊以降、名目賃金（→P125）も物価もほとんど上がらなくなってしまいました。近年の物価上昇はウクライナ情勢などの外的要因に起因するものですが、賃金に反映されやすいサービス価格も上昇。賃金が上がらないと生活していくのが難しく、企業側からすれば優秀な人材に働き続けてもらうために、賃金を上げざるを得なくなっています。

🔄 同じ割合で上がらなければ家計は節約傾向になる

私たちの消費行動は、その時々のお財布事情で変わります。

たとえば「いつもは1,000円ランチだけど、臨時収入があったから今日は2,000円ランチにしよう」「今年はボーナスがたくさん出たから、高級宿に泊まってみようか」など、お財布事情で買うモノやサービスを考えますよね。

では、物価が上昇していたらどうでしょうか。名目賃金が増えなければ、自由に使える実質賃金は減ってしまいます。

たとえば、1か月の名目賃金30万円の人の場合、物価が2.5％上昇すれば、実質賃金は7,317円のマイナス。年間で考えると87,000円以上も収入が減ることになるので、家計にとってはかなりの痛手です。

「ランチの外食は減らして、コンビニですませようかな」「これまでの旅行は2泊だったけど、1泊にしようか」など、節約を意識するようにな

● 名目賃金と実質賃金の関係

（前年比）

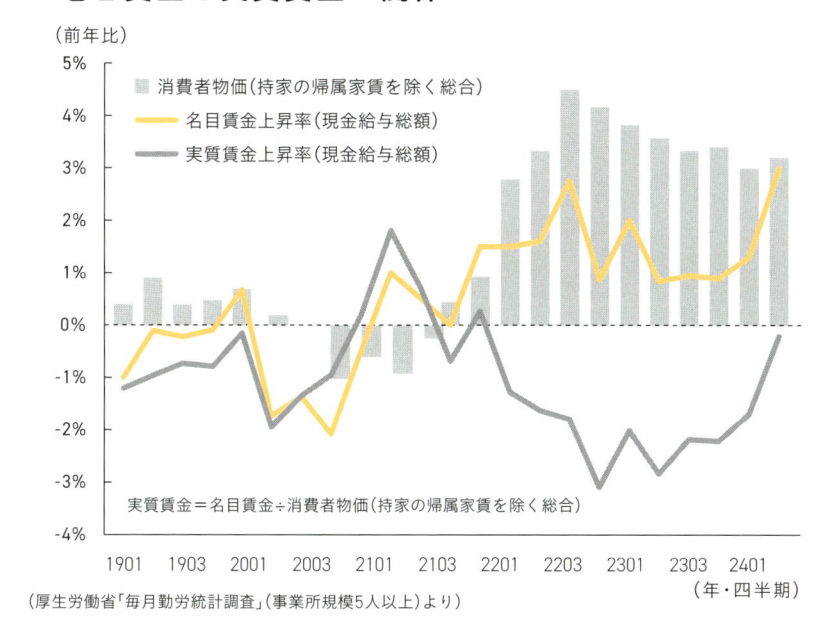

凡例:
- ■ 消費者物価（持家の帰属家賃を除く総合）
- ─ 名目賃金上昇率（現金給与総額）
- ─ 実質賃金上昇率（現金給与総額）

実質賃金＝名目賃金÷消費者物価（持家の帰属家賃を除く総合）

（厚生労働省「毎月勤労統計調査」（事業所規模5人以上）より）

（年・四半期）

名目賃金は上昇してきていますが、実質賃金はマイナスが続いていました。連合による2024年の春闘の賃上げ率は、1991年以来33年ぶりとなる平均5.1%でした。実質賃金がプラスになれば、デフレ脱却に近づくでしょう。

Column

アベノミクスとは何だったのか

　「アベノミクス」は、第二次安倍政権がデフレからの脱却を目指して実施した経済政策で、首相の名前「アベ」と英語の「エコノミクス」をくっつけた造語です。アベノミクスでは「大胆な金融政策」「機動的な財政出動」「民間投資を喚起する成長戦略」という柱を「三本の矢」と位置づけました。

　2012年に49.6兆円だった企業収益（法人企業統計の経営利益）は2023年に104.5兆円と大幅に拡大し、設備投資の増加や雇用の回復につながりました。一方、家計の消費の伸びは小さく、期待されていたほどの好循環は生まれていません。物価上昇や、消費税率・年金保険料率引き上げなどの影響で、賃金は増えていても、家計の自由に使えるお金（可処分所得）が増えていないことが要因だと考えられます。

⬤ サービス価格と賃金のベースアップの比較

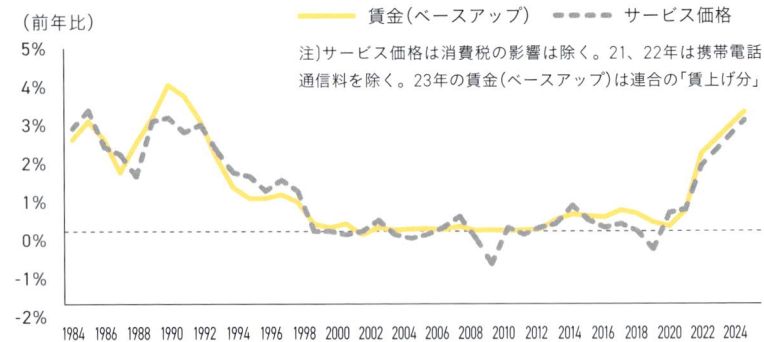

（総務省統計局「消費者物価指数」、中央労働委員会「賃金市場等総合調査」より）

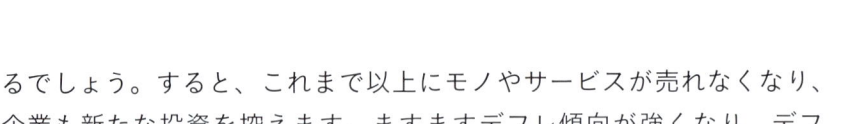

サービス価格と賃金（ベースアップ）は連動性が高く、同じよう
に推移していましたが、その後の約十数年間、賃金はほぼ横ばい
に。2014年以降は再び連動しています。

るでしょう。すると、これまで以上にモノやサービスが売れなくなり、
企業も新たな投資を控えます。ますますデフレ傾向が強くなり、デフ
レスパイラルに陥ってしまう可能性もあります。

➲ 賃金が物価より上がれば景気はよくなる

　名目賃金が物価よりも上がれば、景気はよくなります。物価上昇率
を上回る割合で名目賃金が増えれば、家計の消費が活発になり、徐々
にデフレ脱却の道筋もみえてくるでしょう。

　課題となる賃上げには、「定期昇給」と「ベースアップ」のふたつがあ
ります。定期昇給は、労働者の年齢や勤続年数に応じて定期的に賃金が
上がるしくみです。

　しかし、日本全体の労働市場でみた場合、定年退職をする人と若い
人が入れ替わりで働くようになるので、定期昇給が上がっても、日本

全体の賃金水準のアップには直接は影響しません。一方、会社の業績に応じて基本給を一律に上げるのが「ベースアップ（ベア）」です。**「基本給1%のベースアップ」が決まれば、勤続30年以上のベテランでも、新入社員でも、従業員全員の基本給が1%上がるわけです。これは日本全体の賃金水準を押し上げることになります。**

　昨今の原油価格の高騰を受けて、デフレが続いた日本でも、2022年度の消費者物価指数（生鮮食品を除く）は前年度比3.0%と上昇。これは第二次オイルショックの影響を受けた1981年度以来、41年ぶりの高水準です。2023年と2024年には、デフレ脱却のための、高い物価上昇率に見合った賃上げが実現しました。

⤵ 物価も賃金も毎年上がっていくのがよい

　経済が健やかに成長し、私たちの暮らしが安定するためには、物価も賃金も、毎年緩やかに上がっていくのがよいとされています。**日本も含めた主要国の物価上昇率の目標は2%です**（→P186）。**それを賃金上昇率が上回る状態が理想です。**

　一般にモノ（財）の価格は、主に原油や原材料などのコストで決まります。モノの価格が上昇しても、コスト転嫁の意味合いが大きく、モノをつくる人の賃金にすぐ反映されるわけではありません。一方、サービス業のコストは人件費の割合が多くなっています。賃金を上げると、それを転嫁するために値上げが行われるため、サービス価格[1]が上がります。国内のサービス価格[1]はここ20年ほど、±1%前後で推移していましたが、連合による2024年の春闘の最終集計は平均5.10%と1991年以来、33年ぶりの高水準となりました。そのため、今後主要国並みにサービス価格が上昇することも考えられます。

---

*1 サービス価格／家賃、地代、公共料金、対個人サービス（理美容、洗濯、映画館、私立学校授業料など）の価格を総合して指数化したもの。

3-5

公的年金の受給額は物価と連動している

年金で生活している人は、賃金労働者以上に
物価の変動による影響を大きく受けるといわれています。
まずは年金制度の基本的なしくみをみていきましょう。

年金は将来に備えるための社会全体のしくみ

　年金というと、老後に受け取る「老齢年金」を思い浮かべる人が多いでしょうが、それ以外にも、病気やけがなどで重い障害を負った場合に受け取る「障害年金」や、家計の担い手を喪った遺族が受け取る「遺族年金」があります。これらをまとめて「公的年金」と呼んでいます。

　昔の家庭のほとんどは大家族だったため、家族や自分の加齢や病気、障害、死亡などで、生活に困難が生じた場合も家族間で支え合うことができました。これを「私的扶養」といいます。しかし、社会構造が変化して核家族が中心になると、私的扶養には限界があります。個人の貯蓄で対応しようとしても、何歳まで生きるか、家計がどうなるかは誰にも予測できず、必要な貯蓄額もわかりません。そこで、将来のリスクに社会全体で備える「公的扶養」のしくみとして生まれたのが公的年金です。

賃金や物価の変動率を基準に改定している

　公的年金の特徴は、生涯にわたって年金の受け取りが可能なことです。ただ、自分が支払った保険料を受け取れるわけではありません。

　1942(昭和17)年の発足当初は、自分が支払った保険料を積み立てて、

❏ 65歳以上の年金受給額の推移

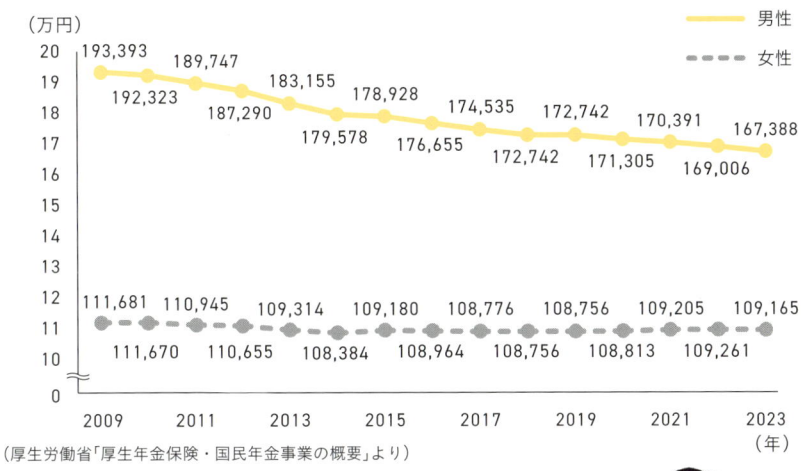

（万円）

凡例：男性 —— 　女性 - - -

年	男性	女性
2009	193,393 / 192,323	111,681 / 111,670
2011	189,747 / 187,290	110,945 / 110,655
2013	183,155 / 179,578	109,314 / 108,384
2015	178,928 / 176,655	109,180 / 108,964
2017	174,535 / 172,742	108,776 / 108,756
2019	172,742 / 171,305	108,756 / 108,813
2021	170,391 / 169,006	109,205 / 109,261
2023	167,388	109,165

（厚生労働省「厚生年金保険・国民年金事業の概要」より）

平均年金月額（老齢厚生年金）の推移を示したグラフです。2009年と2023年を比べると、男性は26,005円、女性は2,516円減額となりました。女性は夫の扶養に入るケースが多く、就業期間も短いことなどから、受給額が低くなっています。

将来年金として受け取る「積立方式」でした。しかし、当時の給与水準で定められた保険料では、30年後、40年後には生活が成り立たなくなる可能性があります。インフレでお金の価値が下がってしまうからです。

　そこで、導入されたのが「賦課方式」。そのときの受給世代に支払う年金を、現役世代の保険料でまかなうしくみです。年金支給額は一定ではなく、毎年4月に賃金や物価の変動率を基準に改定されます。==物価や現役世代の賃金が上がれば、それに応じて保険料が引き上げられ、年金支給額も上がるわけです。== これを「物価・賃金スライド制」といいます。

　現在の日本の公的年金制度の給付財源をみると、保険料収入、税金（国庫）で構成されています。このうちの積立金は、年金積立金管理運用独立行政法人（GPIF）によって運用されています。アメリカやドイツなどの年金制度も、インフレに対応しやすい賦課方式を採用しています。

　少子高齢化を背景に日本では、2004年に抜本的な年金制度改革が行われました。それが「マクロ経済スライド」の導入です（→P136）。

マクロ経済スライドで年金支給額を抑えている

物価や賃金が高くなっても、すべてそのまま年金支給額に
反映されるわけではありません。年金支給額を抑えるしくみが
あるからです。それがマクロ経済スライドです。

➔ マクロ経済スライドとは年金の給付水準を調整するしくみ

　物価・賃金スライド制は、物価や賃金の上昇に応じて年金給付を改定するしくみでした。この制度を維持するためには、現役世代から徴収する保険料を引き上げなければなりません。

　しかし、少子高齢化が進む日本では、現役世代の割合が減っていく一方、平均余命[*1]が延びて年金受給世代が増加しています。物価や賃金の上昇分を保険料に反映させてしまうと、現役世代に過度の負担がかかります。このままでは公的年金制度が持続できなくなるのではないかという懸念から、2004年に抜本的な改革が行われました。

　まず、厚生年金の保険料率を2004年度から段階的に引き上げ、2017年度に18.3%となりました。上限に達したため、これ以上の引き上げはありません。国民年金保険料の水準も2017年度以降は固定されています。

　あわせて導入されたのが「マクロ経済スライド」です。難しそうな名前ですが、簡単にいうと"年金制度を維持するために給付水準を自動的に抑えるしくみ"です。年金制度の財政が健全化するまで、年金額を減らしますよ、というものなのです。

---

*1　平均余命／ある年齢の人々が、その後どのくらい生きられるかを示したもの。0歳の人の平均余命が平均寿命となる。

❂ マクロ経済スライドとは

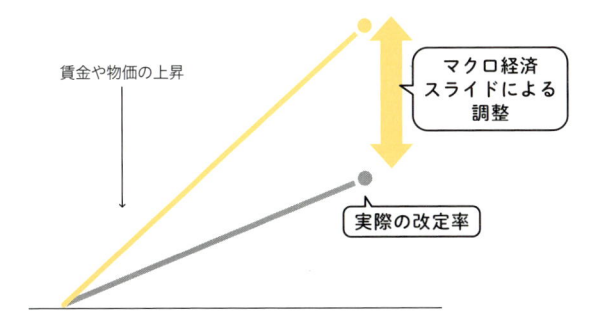

賃金と物価がある程度上昇した場合は、給付水準は「マクロ経済スライド」による調整が行われる。そのときの現役世代の人口や平均余命の伸びに応じて、保険料収入の範囲内で給付水準を抑制する。

● 賃金と物価の上昇率が小さい場合 → 改定しない

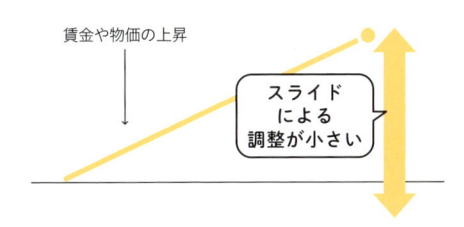

賃金と物価の上昇率が小さい場合にマクロ経済スライドを適用すると、年金改定率がマイナスになってしまう。この場合は、年金改定率は０％となり（名目下限措置）、年金支給額は前年度と同じになる。

⟳ 物価の上昇率が低ければ改定しない

　マクロ経済スライドによる調整率は、現役人口の減少や平均余命の伸びをもとに、毎年算出されます。「公的年金全体の被保険者の減少率＋平均余命の伸びを勘案した率（▲0.3％程度）」が基本。2024年度の調整率は▲0.4％です。

　マクロ経済スライドによる調整が加えられるのは、物価や賃金が上昇したときだけです。長年デフレが続いてきたため、2004年の導入以降、マクロ経済スライドが実施されたのは、2015、2019、2020、2023、2024年度の5回だけです。

消費税は
景気に左右されず
税金を徴収できる

私たちがモノやサービスを買うたびに負担する
消費税は、物価とも関係があります。まずは消費税が
どのような税金なのかをおさらいしておきましょう。

消費税は商品の販売や
サービスに対してかかる税金

　消費税は、モノの販売やサービスの提供に対して課せられる税金で、**企業の売上に対して課税されるもの**です。納税義務者は企業（事業者）で、仕入時に支払った消費税を差し引いた分を納付することになります。企業がモノやサービスの販売価格に消費税分を織り込むことにより、実質的には消費者が広く負担している税金だともいえるでしょう。

　消費税の特徴は、そのときどきの景気に税収が左右されにくいことです。少子高齢化が進むなかで、社会保障の財源の安定化や税負担の公平化を図るために、1989（平成元）年に3％の消費税が導入されました。

　その後、1997（平成9）年に5％、2014（平成26）年に8％、そして2019（令和元）年に10％まで引き上げられました。

　このうち、7.8％は国に納める消費税（国税）で、残りの2.2％は地方消費税です。ただ、家計への負担を軽減するために、飲食料品（お酒・外食を除く）や定期購読している新聞（週2回以上）は8％の軽減税率が適用されています。消費税がかからない非課税には家賃や病院の診療代、授業料、切手代などが、不課税には給与や保険金、配当金などがあります。

◐ 消費税がかかるもの・かからないもの

［課税されるもの］

サービス

・月謝、工事費用、
　ホテル代、電話料金
　　　　　　　など

モノ

・有料の商品　など

［課税されないもの］

非課税

本来は課税の対象だが、消費税の性格や社会政策的な配慮から課税されないもの。利子、保険料、お産費用や埋葬料・火葬料なども非課税。

・土地や有価証券、商品券などの譲渡
・切手、印紙
・国が行う事務手続き　　　　　　など

不課税

消費税の課税対象は「国内で事業者が事業として対価を得て行う資産の譲渡、貸付け及び役務の提供」を満たす取引。以下は対象外となる。

・寄附、譲渡　・給与
・保険金や共済金
・配当金　　　　　　　　　　　　など

日本は消費税率の引き上げと同じだけ物価が上がる

消費税率が5%から8%、8%から10%に引き上げられれば、
その分、モノやサービスの値段が上がります。
日本ではおなじみの現象ですが、諸外国ではちがうようです。

消費税を上げると景気が悪くなる

　消費税引き上げの直前に、車や住宅、貴金属など、大きな買い物をしたという人もいるのではないでしょうか。消費税8%から10%に引き上げられたときには、税抜価格100万円のモノが108万円から110万円にアップしました。消費税率の引き上げ分が100%価格に転嫁されるからです。価格が大きいものほど、「どうせ買うなら、税率引き上げ前に買っておこう」となるのもよくわかりますね。

　引き上げ前はこのような"駆け込み需要"が増えますが、引き上げ後は需要が減少します。

　消費税率を5%から8%に引き上げた2014年の個人消費をみると、直前の1〜3月期には前期比2%の伸びを示したものの、引き上げ直後の4〜6月期は前期比▲4.9%と大幅に減少。駆け込み需要の反動に加え、消費税率の引き上げによる物価上昇によって実質的な収入が減少し、消費者が自由に使えるお金は少なくなりました。結果、買い控えが起こり、個人消費が落ち込んだとみられます。

　消費税率の8%から10%への引き上げは、もともと2015年10月に予定されていましたが、2017年4月に延期された後、景気への影響を懸念して2019年10月に再延期され、ようやく実施されました。

◎ 日本は消費税を上げると景気が悪くなる

消費税が上がる前に
モノを買う人が増える

 高くなるから
その前に買わなくちゃ!

↓

 高くなったら
当分買えないね

増税後、買い控えがおこる + 実質所得が減る

↓

景気が悪くなり、消費が落ちる

→ 諸外国では消費税が上がっても物価は上がりにくい

日本では消費税率の引き上げに伴い、消費税の対象となるあらゆるモノやサービスが一斉に値上げされて消費者物価指数も上昇します。しかし、ドイツやイギリスでは消費税率（付加価値税率）の引き上げの際、消費者物価指数は引き上げ前とあまり変わりません。つまり、税引き価格が値下げされているわけです。税率の引き上げ前後で価格があまり変わらないので、日本のような"駆け込み需要"や"買い控え"もあまり起こりません。

　これはどうしてかというと、税率の引き上げ時に一斉に価格転嫁をするのではなく、あとから企業がそれぞれの判断で頻繁に値上げをしているからです。一時的に税込価格を下げて消費税分を負担しても、その後の値上げによって短期間で回収することができるのです。

　一方、デフレが続いた日本では消費者が値上げに敏感で、頻繁な値上げは難しいのが現状です。企業が増税分を負担してしまうと、長い間、回収できない可能性があります。税率引き上げの際なら消費者が許容するので、100％の価格転嫁を実施できるというわけです。ただし、諸外国に比べると、日本の消費税率はかなり低い水準です。

世界各国の消費税

日本の消費税に相当する税は多くの国々で導入されており、
「付加価値税（VAT）」と呼ばれています。
各国の消費税率を比べてみましょう。

▼ 主な世界各国の消費税率一覧

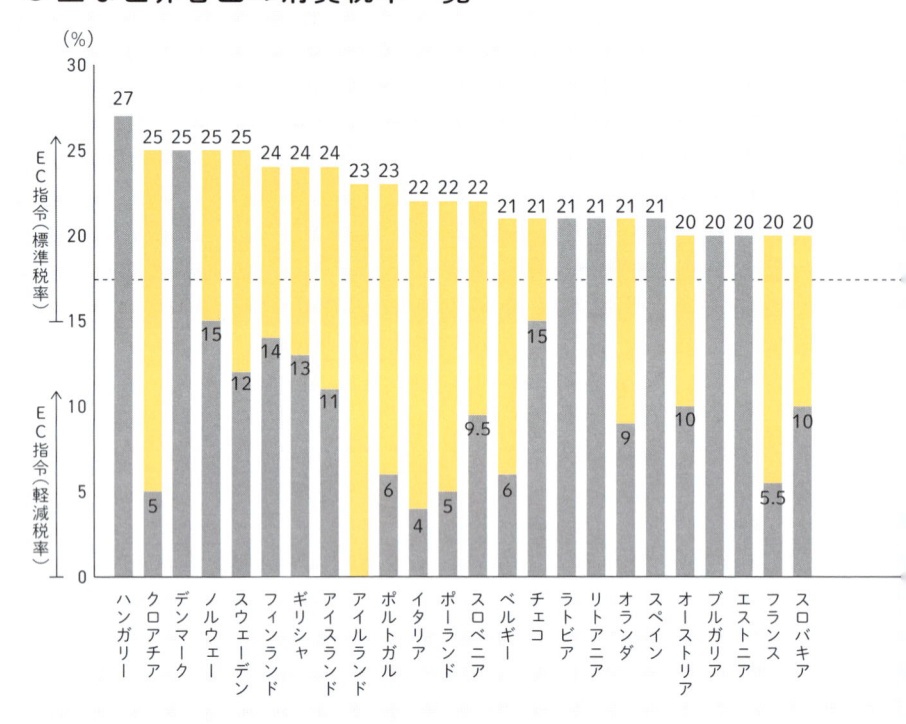

（財務省「諸外国等における付加価値税率（標準税率及び食料品に対する適用税率）の比較」2023年1月より）

※ 上記は原則的な取り扱いを示したもので代表的な品目に対する税率のみに記載しており、品目によって税率が変わることがある。
※ 軽減税率は食料品に係る適用税率。「0」と記載がある国は食料品についてゼロ税率が適用される国。「非」と記載がある国は食料品が非課税対象となる国。

消費税（付加価値税）は1950年代から、ヨーロッパ諸国を中心に
アジア各国にも広く導入されています。日本の消費税率10％は、
世界の平均税率17.6％に比べると低い水準ですね。

　ヨーロッパ諸国が総じて高いのは、EUが付加価値税の導入と標
準税率15％以上を求めているからです。デンマークは一律25％で
すが、多くの国では、モノやサービスの種類に応じて軽減税率や超
軽減税率、ゼロ税率が適用されています。

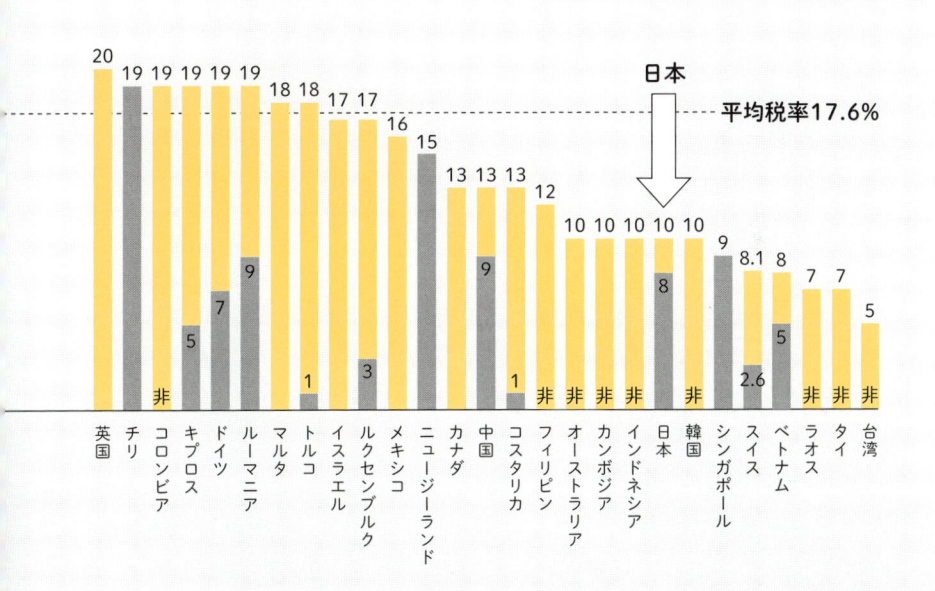

※　日本は標準課税10％のうち2.2％、軽減税率8％のうち1.76％は地方消費税（地方税）。
※　デンマーク、ギリシャ、イタリア、チェコは2022年7月時点、キプロスは2022年1月時点の
　　数字。

物価が上がると借金をしている人が得をする

一般に、モノやサービスの値段が上がっていくインフレは
歓迎されないかもしれません。けれども、インフレで
お金の価値が下がると、得をすることもあるのです。

⤵ お金の価値が下がるから、借金していると"得"

　インフレではモノの価値が上がって、お金の価値が下がります。その
ため、預金は目減りすると説明しました。モノやサービスの値段が高く
なるうえに預金まで目減りして、家計を圧迫することばかりに思われま
すが、実は得をすることもあります。それが「借金」です。

　5000万円を20年後に返済する予定で借りていたとしましょう。20年
間で物価が5％上昇した場合、20年前に5,000万円だったものは5,250万
円になっています。けれども借入額は5,000万円のままなので、**物価が
上昇した分、実質的には借金は"減った"といえます。** 賃金が物価と連
動して5％を超えて上がっていれば、「返済がラクになった」と実感でき
そうですね。ただ、変動金利で借り入れている場合、インフレで金利が
上昇し、その負担が増えることも考えられます。

　一方、物価が5％下がった場合、当初5,000万円だったモノは4,750万
円に値下がりしています。それでも借金は額面通り、5,000万円返さな
ければなりませんから、実質的には借金が"増えた"ことになります。

　ちなみに国の借金も、インフレでお金の価値が下がれば、実質的な負
担は軽くなるといえます。国の借金が1,000兆円で5％のインフレが発
生したとすると、48兆円分の負担減です。これを「インフレ税」と呼ん
でいます。

● インフレのとき、お金を借りるのは有利?

［例］ 5,000万円の借金をした場合

5,000万円の借金 → ふつうなら（利子を除く）→ **5,000万円返済する**

インフレ時 物価が5%上がったら

デフレ時 物価が5%下がったら

実質的な借金 **4,762万円** -238万円

・お金を借りている人は 得
・お金を貸している人は 損

実質的な借金 **5,263万円** +263万円

・お金を借りている人は 損
・お金を貸している人は 得

借金をしたあとにインフレが起こった場合、実質的な借金は減るので、お金を借りた人が得をして貸した人は損になります。デフレの場合はその逆で、お金を借りた人が損をして貸した人は得になります。

Column

デフレは明治時代からあった?

　日本の経済史において、インフレもデフレもたびたび発生していますが、なかでも有名なのが明治時代に起こった「松方デフレ」です。

　明治政府が西南戦争の戦費をまかなうために大量の貨幣(不換紙幣)を発行したところ、インフレが発生して財政がひっ迫。このときに財政改革にあたったのが、大蔵大臣・松方正義です。彼は世の中に出回っている不換紙幣を減らすために、増税や歳費削減などの緊縮財政を徹底しました。結果、インフレは鎮静化したものの深刻なデフレが発生し、米の値段が下がって農村は大打撃を受けました。これが「松方デフレ」です。その後、松方は1882年に、中央銀行として日本銀行を創設。1885年以降、日本で唯一の銀兌換銀行券[1]を発行するしくみを整えました。

---

*1 銀兌換銀行券／銀貨と交換できる紙幣のこと。

物価が上がると金利も上がる

金利とは「お金の貸借料」のこと。いつも同じではなく、
物価や景気、為替などの要因で変動します。
金利のしくみや変動のしかたを理解しておきましょう。

金利とはお金を借りた側が貸した側に支払う貸借料のこと

　もしあなたが100万円を1年間貸すことになったら、1年後に返してもらうのは貸した額と同じ100万円でよいでしょうか。1年間、100万円分のモノやサービスを買う機会を失ってしまうことを考えると、多少は上乗せして返してほしいと思うのが本音でしょう。

　お金を貸してくれた人に、借りた金額に上乗せして支払う貸借料が「金利(利率)」です。「年1％」「年0.3％」などのように割合で表されます。たとえば、金利が年1％(年利1％)で100万円を1年間借りるとしたら、100万円の元本に1万円を加えて返すということです。

　この金利を金額表示で表したものが「利子」です。私たちが銀行に預金するというのは「銀行にお金を貸している」ことなので、利子がつきます。この場合は「利息」と呼ぶことが多いようです。

　なお、金利と似た言葉に「利回り」がありますが、これは、お金の貸し借りではなく、投資金額に対して得られる利益の割合を示しています。

　さて、経済を活性化させるためには、政府、企業、家計という3つの経済主体(→P12)の間をスムーズにお金が回っていなければなりません。そこで、お金があるところから集めて、お金が必要なところに回す"お金の橋渡し"を行っているのが銀行(金融機関)です。

　したがって、銀行がお金を貸し出すときの金利の変動は、私たちの生

◆ 金利はどうなると高くなる？ どうなると低くなる？

> （あまり資金が
> ないのに）
> お金を貸してくれて
> ありがとう！

> 借りる必要は
> ないけど、
> （しょうがない）
> 借りてあげるよ

借りたい ＞ 貸したい　　　借りたい ＜ 貸したい

金利
高くなる

金利
低くなる

==活はもちろん、国全体の経済活動全体にも大きな影響を与えています。==

⟳ 金利が変動する理由のひとつは物価

　モノやサービスの値段と同じように、==金利は「お金」の需要と供給のバランスで決まります。==お金を借りたい人よりも貸したい人が少なければ、貸借料である金利は高くなります。逆に借りたい人よりも、お金を貸したい人のほうが多ければ金利は低くなります。

　==お金の需要と供給のバランスを左右するのが、「物価」「景気」「為替」の3つです。==まずは物価と金利の関係からみていきましょう。

　景気がよくなる、つまり需要が拡大すると、消費者は「モノやサービスを買おう」という気持ちが強くなります。家や車などの高額なモノならなおさらですね。企業も設備投資の計画を早めるかもしれません。

すると、物価が上がります。お金を貸す（銀行に預金する）人よりも、お金を借りたいという人が増え、<mark>金利は上昇していきます。</mark>また、日本銀行が急激な物価上昇を抑えようとして金融引き締め政策を行えば、さらに金利は上がります（→P180）。

　もし仮に、金利がゼロのままで物価だけ上がってしまうと、お金を借りてモノをたくさん買って、値段が上がったところで売って儲けようという人が出てきてしまいます。お金を貸す側にはまったくメリットがないので、お金を貸す人はいなくなります。お金がうまく回らなくなり、健全な経済成長にはつながりません。そのため、物価が上がれば金利も上がるのが原則。金利によって、お金の価値とモノの価値のバランスをとっているともいえます。

　では、景気が悪くなったら（需要が縮小したら）どうなるでしょうか。消費者は、モノやサービスを買い控えるようになるでしょう。すると物価は下がります。お金を借りたい人が少なくなるので、金利は下がります。日本銀行が急激な物価下降を抑えるために、金利を引き下げる金融緩和政策をとれば、さらに金利は下がっていきます。このように一般には、物価が上がれば金利も上がり、物価が下がれば金利も下がるという関係にあります。

⮕ 景気や為替も金利が変動する理由になる

　次に、景気と金利の関係をみてみましょう。景気は物価と連動して動くので、景気と金利の関係も同じ。<mark>景気がよくなれば、企業は設備投資に積極的になるため、資金需要が高まって金利が上がります。</mark>景気が悪くなれば、お金を借りようという企業は少なくなります。金融機関は金利を下げて、お金を借りやすくするわけです。

　では為替と金利はどのように関連しているのでしょうか。たとえば、ドルの外貨預金や外国株式、外国債などに人気が集まると、円売りドル買いが増えるため円安ドル高が進みます。また、<mark>円安で輸入物価が上昇すると国内物価が上昇し、金利上昇を招くこともあります。</mark>

　日本でも30年ほど前には、銀行金利が5％という時代がありました。

◐ たとえば100万円を1年間銀行に預けたら

100万円を1年間銀行に預ける

金利1%だと1年後

100万円 + 1万円 = 101万円
利息

金利0.01%だと1年後

100万円 + 100円 = 100万100円
利息

[物価が1年で1%上がった場合 100万円のモノが101万円 になる]

金利1%の場合なら **買える**

金利0.01%の場合は **買えない**

デフレは「モノの価値が低く、お金の価値が高い」状態です。デフレを抑えるには金利を下げることで、お金の価値を下げ、相対的にモノの価値が上がるようにします。物価とお金の価値のバランスを整えるのが金利なのです。

しかし、超低金利時代の現在では、預金をしてもほとんど増えません。マイナス金利になっても資金需要は高まらず、物価も金利も上昇しないデフレが続きました。

⤵ 物価の変動によって住宅ローンの金利もかわる

　私たちに身近な金利のひとつに住宅ローンがあります。住宅ローンの金利は物価の変動によって変わります。インフレのときには金利が変わらない固定型が有利で、デフレ時には金利が変動する変動金利が有利といわれています。

　2024年7月現在、日銀はマイナス金利政策を解除し（→P150）、「金利を上げる」方向に舵をきりました。今後、日銀の金利の上げ幅によっては、住宅ローン金利も上昇し、家計に響くこともあるかもしれません。

金利のある世界で私たちの生活はどうかわる？

　2024年3月の日本銀行の金融政策決定会合（→P185）において、「マイナス金利政策」の解除を含め大規模な金融緩和の終了が決まりました。「マイナス金利政策」とは金融機関が日本銀行に開設する当座預金の一部にマイナス0.1％の金利をつける政策で、金融機関の預金積み上げを回避させることで、経済を活発化する貸出を促し、物価を引き上げようという狙いがありました。

　2016年にこの政策が導入されてから、私たちは銀行にお金を預けても利息はほとんどつきませんでした。住宅ローンなどで銀行からお金を借りている場合、金利の支払いは生じていましたが、その金利は低いものでした。

　マイナス金利が解除され、各金融機関は普通預金などの金利の引き上げを発表しています。引き上げ率は金融機関によって異なりますが、たとえばこれまで0.001％だった金利が0.02％、そして0.1％に引き上げています。少しずつではありますが、従来のあるべき姿になりつつあるようです。

● お金を借す・預けると利息が払われる従来のシステムに

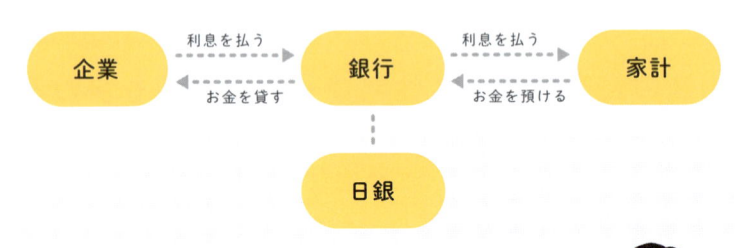

世界的にも異例だったマイナス金利政策がついに解除されました。「金融機関に預けても増えない」状態から、利息が受け取れる状態になりました。

第 **4** 章

世界の物価

監修：木下智博（追手門学院大学 経済学部教授）

物価の上昇率が高い国はどこ?

私たちが安心して暮らすには、物価が安定していることが大事。
日本は物価がほとんど変わらない状態が続いていますが、
世界には驚くほど物価が上昇している国もあるのです。

物価の上昇率が高い国はどこ?

　私たちは、物価が上がらないのが"普通"だと思っていますが、世界的にみると、物価は上がっていくのが普通です。物価上昇率が2桁、あるいは3桁になるほど、物価が激しく上昇している国もあります。

　国際通貨基金(IMF)のデータによれば、2022年の物価上昇率が最も高かったのは、アフリカ南部にあるジンバブエ共和国。前年比の物価上昇率はなんと193.4%ですから、去年のほぼ3倍になっているということですね。ジンバブエでは2000年頃からインフレが加速し、ハイパーインフレを引き起こしています(→P166)。第2位は中南米のベネズエラで、前年比186.5%です。ベネズエラでも天文学的なハイパーインフレが発生し(→P168)、現在も社会的・経済的混乱が続いています。

　主要20か国(G20)のなかでは、アルゼンチンの72.4%、トルコの72.3%が目立ちます。アルゼンチンはもともと高インフレの国として知られていますが、干ばつで農業生産が落ち込んだうえ、通貨ペソの対ドル為替レートが急落したことでインフレが加速し、2023年12月の物価上昇率は前年同月比200%を超えました。トルコは金融緩和政策による通貨リラの暴落で、高インフレが続いています。

　主要7か国(G7)のなかでは、イギリスやイタリア、ドイツが高くなっていますが、いずれも1桁台におさまっています。

◆ 2022年物価上昇率が高い国（前年比）

	国名	物価上昇率(%)		国名	物価上昇率(%)
1	ジンバブエ	193.4	6	トルコ	72.3
2	ベネズエラ	186.5	7	スリナム	52.4
3	レバノン	171.2	8	イラン	45.8
4	スーダン	138.8	9	スリランカ	45.2
5	アルゼンチン	72.4	10	エチオピア	33.9

（GLOBAL NOTE 出典IMFより）

◆ 2022年主要20か国のなかで物価上昇率が高い国（前年比）

	国名	物価上昇率(%)		国名	物価上昇率(%)
1	アルゼンチン	72.4	6	イタリア	8.7
2	トルコ	72.3	7	ドイツ	8.7
3	ロシア	13.8	8	アメリカ	8.0
4	ブラジル	9.3	9	メキシコ	7.9
5	イギリス	9.1	10	南アフリカ	6.9

（GLOBAL NOTE 出典IMFより）

日本の2022年の物価上昇率は2.5％です。原油などエネルギー価格高騰の影響を受けて、前年の▲0.2％から伸びていますが、ほかの国に比べるとかなり低いですね。世界194か国中、日本は187位です。

➔ 日本はあまり変化がない

　日本の物価上昇率を今一度、確認してみましょう。2014年から2023年までの10年間で、いちばん物価上昇率が高かったのは、2023年の3.2％です。2023年は、ロシアのウクライナ侵攻の影響で原油価格が高騰。その影響が含まれています。いちばん低いときは2021年の▲0.2％。物価が上がるどころか下がっている年もあります。10年間の平均は1.1％と非常に低く、ほとんど変わっていないことがわかります。

Column

世界で物価が高い国のモノの値段を比較しよう

世界の国のなかには、物価が高い国もあれば物価が安い国もあります。
ここでは、世界のなかで物価が高いといわれる国がどこで
牛乳や水などがいくらで売られているのかみてみましょう。

▼ 世界で物価が高い国 ※国名横の数字はニューヨークを100とした場合の総合指数

① スイス ……………… 98.9
② アラブ首長国連邦 … 98.1
③ エストニア ………… 97.2
④ パプアニューギニア 95.8
⑤ デンマーク ………… 95.3

⑥ イギリス …………… 95.2
⑦ チェコ ……………… 94.5
⑧ ニュージーランド … 94.4
⑨ シンガポール ……… 93.6
⑩ アイルランド ……… 93.2

ちなみに
アメリカ ……………… 90.4 | 日本 ……………… 89.9

（総務省統計局「世界の統計2024」赴任地別生計費指数（国連職員）2023年6月現在より）

▼ よく買うモノの値段を比較!

牛乳1リットル

・ドミニカ …………… 4.99ドル
・モロ ………………… 4.84ドル
・バハマ ……………… 4.20ドル
・ケイマン諸島 ……… 3.78ドル
・セントクリストファーネイビス … 3.78ドル
・ジャマイカ ………… 3.68ドル

・グレナダ …………… 3.61ドル
・バルバドス ………… 3.51ドル
・トルクメニスタン … 3.37ドル
・台湾 ………………… 3.08ドル
・ガイアナ …………… 2.94ドル
・（日本 ……………… 1.4ドル）

米1kg

- ケイマン諸島 ⋯⋯⋯ 6.20ドル
- バハマ ⋯⋯⋯⋯⋯⋯ 5.15ドル
- アメリカ ⋯⋯⋯⋯⋯ 4.32ドル
- モナコ ⋯⋯⋯⋯⋯⋯ 3.90ドル
- カナダ ⋯⋯⋯⋯⋯⋯ 3.39ドル
- スウェーデン ⋯⋯⋯ 3.22ドル
- 台湾 ⋯⋯⋯⋯⋯⋯⋯ 3.22ドル
- アイスランド ⋯⋯⋯ 3.19ドル
- 韓国 ⋯⋯⋯⋯⋯⋯⋯ 3.19ドル
- バヌアツ ⋯⋯⋯⋯⋯ 3.13ドル
- リヒテンシュタイン 3.08ドル
- （日本 ⋯⋯⋯⋯⋯⋯ 2.96ドル）

水1リットル

- バハマ ⋯⋯⋯⋯⋯⋯ 1.96ドル
- ケイマン諸島 ⋯⋯⋯ 1.90ドル
- バルバドス ⋯⋯⋯⋯ 1.45ドル
- コスタリカ ⋯⋯⋯⋯ 1.42ドル
- アメリカ ⋯⋯⋯⋯⋯ 1.41ドル
- ノルウェー ⋯⋯⋯⋯ 1.36ドル
- アイスランド ⋯⋯⋯ 1.33ドル
- キュラソー ⋯⋯⋯⋯ 1.33ドル
- マーシャル諸島 ⋯⋯ 1.24ドル
- セーシェル ⋯⋯⋯⋯ 1.23ドル
- セントクリストファーネイビス 1.22ドル
- （日本 ⋯⋯⋯⋯⋯⋯ 0.55ドル）

卵12個

- ニュージーランド ⋯⋯ 6.68ドル
- セントクリストファーネイビス 6ドル
- リヒテンシュタイン ⋯ 5.91ドル
- トルクメニスタン ⋯⋯ 5.66ドル
- バヌアツ ⋯⋯⋯⋯⋯ 5.47ドル
- バハマ ⋯⋯⋯⋯⋯⋯ 5.42ドル
- ソロモン諸島 ⋯⋯⋯ 5.38ドル
- バルバドス ⋯⋯⋯⋯ 5.24ドル
- トンガ ⋯⋯⋯⋯⋯⋯ 5.05ドル
- オーストリア ⋯⋯⋯ 4.57ドル
- デンマーク ⋯⋯⋯⋯ 4.53ドル
- （日本 ⋯⋯⋯⋯⋯⋯ 2.08ドル）

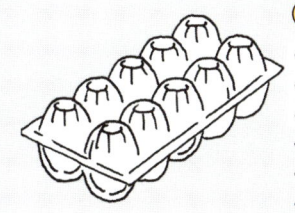

トイレットペーパー 4ロール

- リヒテンシュタイン ⋯ 6.93ドル
- キューバ ⋯⋯⋯⋯⋯ 5.67ドル
- バハマ ⋯⋯⋯⋯⋯⋯ 5.04ドル
- エチオピア ⋯⋯⋯⋯ 4.83ドル
- アイスランド ⋯⋯⋯ 4.66ドル
- ギニア ⋯⋯⋯⋯⋯⋯ 4.48ドル
- ケイマン諸島 ⋯⋯⋯ 4.30ドル
- アメリカ ⋯⋯⋯⋯⋯ 4.29ドル
- スイス ⋯⋯⋯⋯⋯⋯ 4.02ドル
- スリナム ⋯⋯⋯⋯⋯ 3.78ドル
- カタール ⋯⋯⋯⋯⋯ 3.67ドル
- （日本 ⋯⋯⋯⋯⋯⋯ 1.35ドル）

映画鑑賞代

- ソマリア ⋯⋯⋯⋯⋯ 21.1ドル
- スイス ⋯⋯⋯⋯⋯⋯ 21.0ドル
- デンマーク ⋯⋯⋯⋯ 17.4ドル
- サウジアラビア ⋯⋯ 16.6ドル
- トルクメニスタン ⋯⋯ 16.6ドル
- フィンランド ⋯⋯⋯ 16.2ドル
- スウェーデン ⋯⋯⋯ 14.8ドル
- ノルウェー ⋯⋯⋯⋯ 14.3ドル
- オーストラリア ⋯⋯ 14.1ドル
- アメリカ ⋯⋯⋯⋯⋯ 13.9ドル
- イギリス ⋯⋯⋯⋯⋯ 13.7ドル
- （日本 ⋯⋯⋯⋯⋯⋯ 11.9ドル）

（データはLivingCost［2024年3月1日更新］より）

世界で物価が安い国のモノの値段を比較しよう

先進国だからといって物価が高いとは限りません。
どこの国の物価が安く、日用品がいくらくらいなのかみてみましょう。
154-155ページと比べると物価のちがいがはっきりわかります。

▼ 世界で物価が安い国 ※国名横の数字は**ニューヨークを100**とした場合の総合指数

⑦モロッコ	72.8	⑦トルコ	71.7
⑦コロンビア	72.5	⑦ジョージア	71.7
⑦スペイン	72.3	⑦イタリア	71.5
⑦ロシア	72.3	⑦ボリビア	71.2
⑦エジプト	72.1	⑧南アフリカ	67.9

ちなみに

アメリカ	90.4	日本	89.9

〔総務省統計局「世界の統計2024」赴任地別生計費指数(国連職員)2023年6月現在より〕

▼ よく買うモノの値段を比較!

牛乳1リットル

・チュニジア	0.47ドル	・パキスタン	0.72ドル
・ベラルーシ	0.62ドル	・アフガニスタン	0.73ドル
・ブルンジ	0.68ドル	・イラン	0.74ドル
・インド	0.70ドル	・ケニア	0.78ドル
・マラウイ	0.70ドル	・タジキスタン	0.78ドル
・ウガンダ	0.71ドル	・(日本	1.40ドル)

米1kg

・ブータン	0.64ドル	・ブルキナファソ	0.74ドル
・ナイジェリア	0.66ドル	・シェラレオネ	0.76ドル
・バングラデシュ	0.66ドル	・ネパール	0.76ドル
・インド	0.67ドル	・マラウイ	0.77ドル
・マダガスカル	0.70ドル	・ボリビア	0.77ドル
・スリランカ	0.73ドル	（日本	2.96ドル）

水1リットル

・ナイジェリア	0.15ドル	・マラウイ	0.18ドル
・リビア	0.15ドル	・アルジェリア	0.19ドル
・エジプト	0.16ドル	・バングラデシュ	0.19ドル
・チュニジア	0.18ドル	・イラン	0.20ドル
・トルコ	0.18ドル	・アフガニスタン	0.21ドル
・ネパール	0.18ドル	（日本	0.55ドル）

卵12個

・ナイジェリア	0.75ドル	・イラン	1.26ドル
・インド	0.97ドル	・エスワティニ	1.27ドル
・パキスタン	1.11ドル	・バングラデシュ	1.28ドル
・ベラルーシ	1.20ドル	・リビア	1.33ドル
・ロシア	1.22ドル	・中央アフリカ共和国	1.44ドル
・マラウイ	1.24ドル	（日本	2.08ドル）

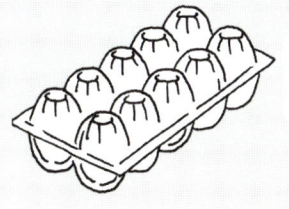

トイレットペーパー　4ロール

・シリア	0.48ドル	・パキスタン	0.77ドル
・マダガスカル	0.51ドル	・シエラレオネ	0.83ドル
・ナイジェリア	0.54ドル	・アンゴラ	0.87ドル
・マラウイ	0.67ドル	・ベラルーシ	0.88ドル
・リビア	0.73ドル	・バングラデシュ	0.91ドル
・ルワンダ	0.74ドル	（日本	1.35ドル）

映画鑑賞代

・イラン	1.61ドル	・シリア	2.92ドル
・シエラレオネ	1.78ドル	・ネパール	2.93ドル
・キューバ	1.98ドル	・ラオス	2.99ドル
・マラウイ	2.06ドル	・スリランカ	3.02ドル
・ナイジェリア	2.38ドル	・コンゴ民主共和国	3.04ドル
・アフガニスタン	2.46ドル	（日本	11.9ドル）

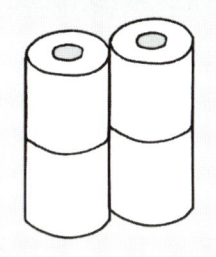

（データはLivingCost［2024年3月1日更新］より）

日本は主要国と比べて物価が上がっていない？

物価は景気や金利、為替などさまざまな要因で変動します。
経済状況や金融政策は国によって異なるので、物価の変動のしかたも
国によってさまざま。ただ日本は諸外国と大きく異なります。

⤵ 主要な国と比べてもあまり上がっていない

　154〜157ページでみたように、日本の物価は世界のなかでは高いほうだといえそうです。では物価の動き方はどうでしょうか。

　主要国の消費者物価指数の前年比上昇率を比べてみたのが、右ページのグラフです。2014年から2023年の10年間の推移をみてみると、諸外国は少しずつ右肩上がりになっているのに、日本だけがほとんど変わっていないのがわかります。10年間の平均をみると、いちばん上昇率が高いのがイギリスで、平均で約2.9％上昇しています。次いで、アメリカが2.7％、カナダとドイツが2.5％の上昇、そのあとにイタリアとフランス2.0％が続いています。世界のなかでは物価が低いといわれているイタリアでも、10年で2.0％上昇していますね。ちなみに経済が急成長を遂げているインドは10年間平均で5.1％、中国は1.8％の伸びを示しています。ひるがえって日本の上昇率はというと、なんと10年間で1.1％しか上昇していません。

　2014年から2023年の10年間で、日本の物価がいちばん動いたのは2023年の3.2％です。

　コロナ禍やロシアのウクライナ侵攻の影響により、各国共に物価上昇率はグッと高くなっています。3年間の平均物価上昇率は、イギリスで6.3％、ドイツは6.0％、アメリカは5.6％、イタリアは5.5％、フ

⬤ 日本と主要国の消費者物価指数の推移

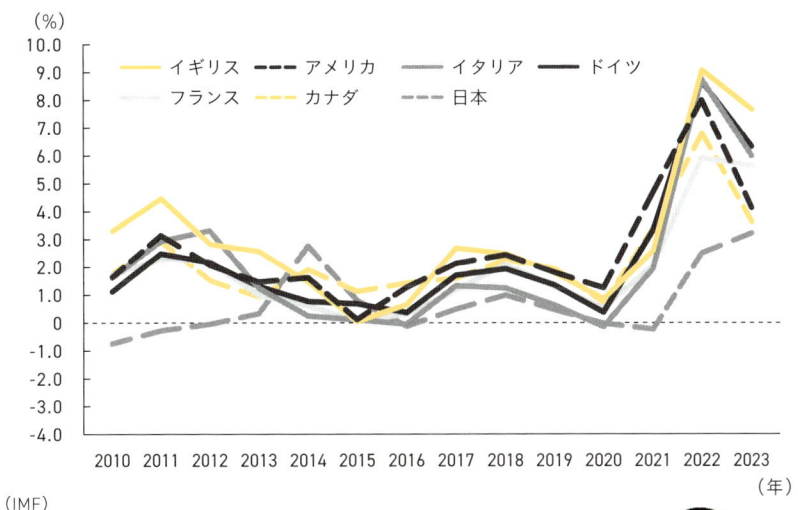

(%)

凡例：イギリス、アメリカ、イタリア、ドイツ、フランス、カナダ、日本

(IMF)　　　　　　　　　　　　　　　　　　　　　　　　　　　　(年)

2010年から2019年の10年間で、主要国のほとんどは物価が上昇しています。日本はほとんど動いておらず、物価が下がっている年もあります。

ランスは4.5％です。ところが日本では、3年間で1.8％上昇しただけ。日本の物価がいかに動いていないかがよくわかりますね。

⤷ 主要国の賃金の推移と比べても 日本はほとんど変わらない

　世界の主要国と比べて物価が動いていない日本では、もうひとつ動いていないものがあります。それは、賃金です。2012年から2022年の主要国の平均賃金（年収の名目値）の推移を比べてみましょう。アメリカ、ドイツ、イギリス、カナダ、韓国では10年間で3〜4割もの大幅な伸びを示しています。それに対して、日本は同じ10年間で9％しか伸びていません。

　なかでも急上昇しているのが、お隣の韓国です。2000年頃の韓国と日本の平均年収は2万ドル以上の差がありましたが、日本が足踏みして

◎ 世界の主要国の実質賃金の推移

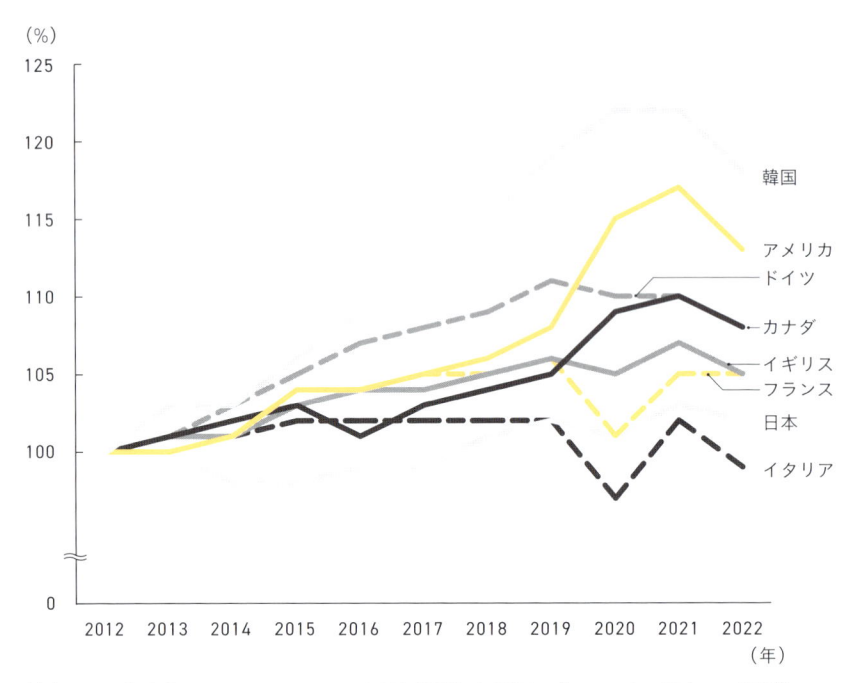

(出典　OECD（2024）, Average annualwages. doi: 10.1787/cc3e1387-en（Accessed on 20 August 2024））

2012年からの10年をみても、世界各国の名目賃金は消費者物価の上昇率を超えて伸び、実質賃金も増えました。日本やイタリアは、名目賃金がインフレに追いつかず、実質賃金が横ばいです。

いる間に韓国が大きく伸びて、2023年にはついに日本を追い越しています。**日本では物価もほとんど上がっていないため、賃金の低さを実感しにくいかもしれませんが、2022年でみると、アメリカとの差は42,476ドル。日本円に換算すると年間550万円以上も少ないのです。**

　企業にとって、賃金はコストですから賃上げには慎重になるもの。諸外国で賃金が上昇しているのは、物価の上昇を背景にした、労働者からの強い賃上げ要求があったからです。物価がほとんど上がらない日本は、2022年まで賃上げの要求も弱く、賃金が上がらないままの状態が続いてきたといえるでしょう。

世界の決済手段として用いられる基軸通貨

　世界の通貨は180種類あるといわれていますが、取引の相手が変わるたびに通貨を交換していたら、手間も時間もかかります。そこで、アメリカのドル（米ドル）が、決済手段として幅広く用いられています。世界中どの国とも米ドルで決済ができるので、効率的に経済活動ができます。

　このように世界で中心的な地位を占める通貨を「基軸通貨」といいます。その条件は「①世界中に流通している、②政治的に安定し、高い信用力をもつ、③侵略されない軍事力をもつ」の3つ。かつてはイギリスのポンドが基軸通貨でしたが、現在は米ドルがその地位についています。

▼ 基軸通貨がないと

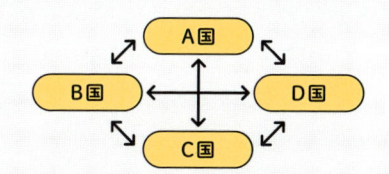

取引する国がかわるたび
取引する通貨がかわる

▼ A国の通貨を基軸通貨にすると

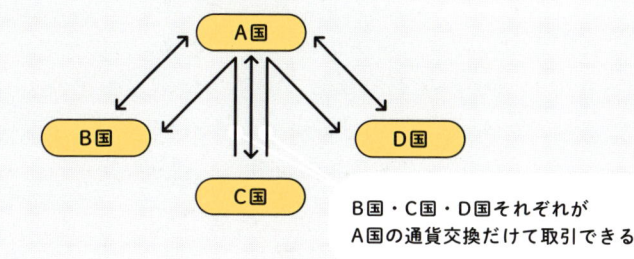

B国・C国・D国それぞれが
A国の通貨交換だけで取引できる

4 - 3

ハイパーインフレとは物価が過度に上がったり貨幣の価値が暴落すること

物価が短期間の間に上昇してしまい、モノが買えずに
懸命に貯めたお金も紙くず同然になってしまう……。
そんなおそろしい事態が「ハイパーインフレ」です。

 ## モノ不足などから
ハイパーインフレになることが多い

物価の上昇が続く状態が「インフレーション（インフレ）」でした（→P16）。では「ハイパーインフレ」は何かというと、**そのスピードが異常に速く、極端に物価が上昇する状態をいいます。**

経済学者のフィリップ・ケイガンは、**前月比50％を超える物価上昇をハイパーインフレと定義しています。**物価上昇の高さとスピードが信じられないほど極端な異常事態。経済は大混乱に見舞われ、食料や日用品、薬などが手に入らず、多くの国民は困窮に追い込まれます。

ハイパーインフレのいちばんの要因は、戦争や大災害などによる「深刻なモノ不足」です。モノの値段は需要と供給のバランスで決まるため、食料や日用品などの生活必需品が著しく不足していれば、値段はどんどん吊り上がっていきます。

もうひとつの要因は、「通貨の価値の暴落」です。たとえば、財政赤字を補填しようと、政府あるいは中央銀行が貨幣を発行すると“カネ余り”の状態に陥り、通貨の価値が暴落。その一方で、物価が上がってしまいます。また、その国の内紛や政情不安なども、通貨の価値を左右します。内紛を繰り返していたり、政権交代などで政策がたびたび変わったりする国では、安心して経済活動を営むことができないからです。

❤ ハイパーインフレとは（フィリップ・ケイガンの定義）

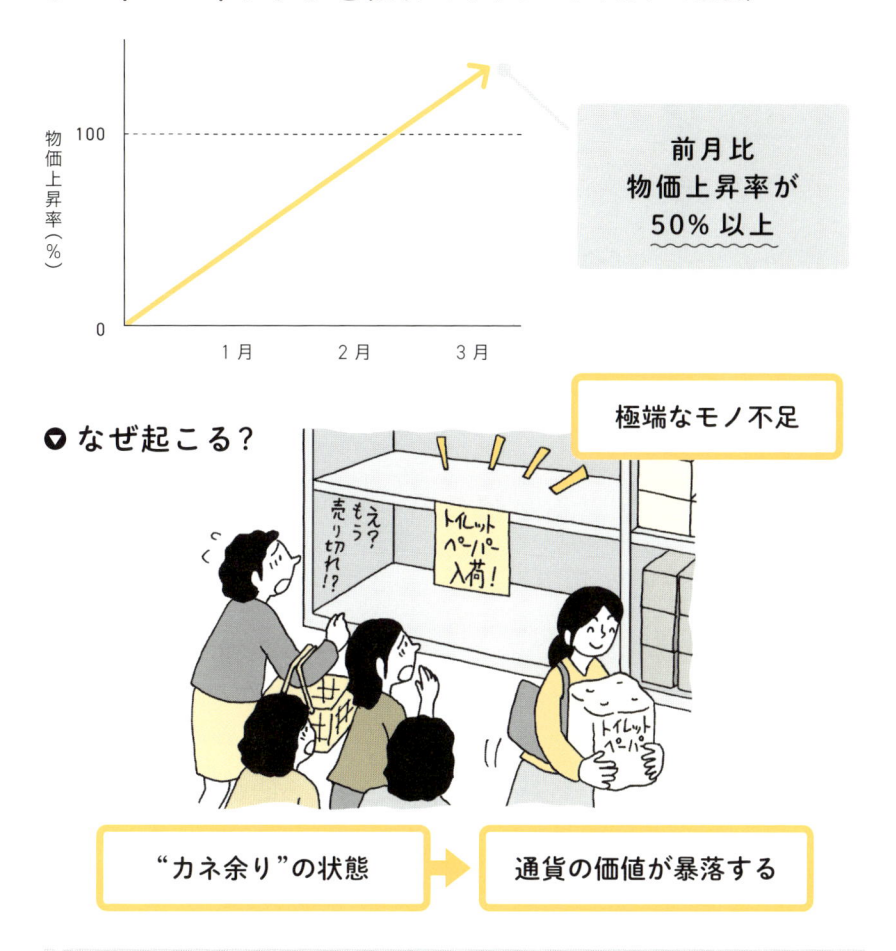

物価上昇率（%）

100

0

1月　　2月　　3月

前月比
物価上昇率が
50％以上

❤ なぜ起こる？

極端なモノ不足

売り切れ!?
え？もう
トイレットペーパー入荷！
トイレットペーパー

"カネ余り"の状態　➡　通貨の価値が暴落する

⟳ 日本がハイパーインフレになる可能性は

　日本の物価上昇率は2022年春先以降、前年比2％超が続いていますが、ハイパーインフレの定義にはまったく及びません。それでも一部でハイパーインフレが懸念されているのは、約四半世紀もの長きにわたり、金融緩和（→P180）を続けてきたからです。しかし、日本の信用は失われておらず、深刻なモノ不足にもなっていません。ハイパーインフレの可能性はまずないと考えてよいでしょう。

第一次世界大戦後、通貨の価値が大暴落したドイツ

ハイパーインフレのきっかけのひとつが戦争です。ドイツでは
第一次世界大戦後に課せられた巨額の賠償金支払が原因となって
ハイパーインフレが発生しました。

⟳ 第一次世界大戦後の1923年にハイパーインフレが起こる

　第一次大戦（1914-1918）中のドイツ（当時はワイマール共和国）は戦費をまかなうため、大量の国債を発行していました。戦争に勝てば、相手国の賠償金ですぐに返済できると考えていたからです。

　しかし、敗戦国となったドイツは逆に1,320億マルクもの賠償金を課せられることに。巨額の財政赤字を抱えていたドイツは当然、支払うことができません。すると1923年、フランスがドイツの賠償金不履行を理由に、ドイツの重要な工業地帯であるルール地方を占領します。ルール地方の労働者たちはストライキで対抗したため、モノの供給が急減しました。やむなく中央銀行も国債を買い入れ、貨幣を増発しました。結果、ドイツマルクが暴落してインフレが加速し、1923年にハイパーインフレが発生したのです。多くの人々が職を失って破産に追い込まれ、社会不安が増大。右派政党が乱立し、ナチスの台頭へとつながっていきました。

⟳ 数年で物価が急激に上がり、ある日急速に終息を迎えた

　当時のドイツの国産品物価の推移をみてみましょう。1918年11月は1.4倍でしたが、1919年7月になると5倍に、1921年5月には7.3倍、

❤ ハイパーインフレになると紙幣が紙くず状態に！

> 貨幣の価値が
> 下がりすぎて、
> それまでのお札は
> 紙くずに

マルク紙幣は紙くず同然となり、薪のかわりに札束はストーブやたき火に使われました。子どもたちは、札束を積み木にして遊んでいました。

1923年11月当時はこんな金額に！

1キログラムのパン	新聞紙
▼	▼
4,280億マルク	1部 2,000億マルク

電車の切符	手紙に使う切手
▼	▼
1,500億マルク	1,000億マルク

そして1922年7月には182倍と驚くほど高くなっています。人々は高額の支払いのために、大きなかばんや乳母車に札束を押し込んで外出しなければなりませんでした。レストランで注文をしても、食べている間に値段が変わったといいます。

　このハイパーインフレに対応したのが、1923年に連合内閣の首相に就任したシュトレーゼマンです。農業・商工業の土地を担保にした新しい通貨「レンテンマルク」を発行して、従来の1兆マルクを1レンテンマルクに交換し、財政の立て直しを図りました。結果、ハイパーインフレは急速に終息し、のちに「レンテンマルクの奇跡」と呼ばれました。

2億3,115万％の物価上昇率を記録したジンバブエ

アフリカ南部に位置するジンバブエ共和国では、2007年にハイパーインフレが発生。通貨の価値があっという間に暴落し、なんと「100兆ジンバブエドル」まで発行されています。

⊖ ずさんな政策がハイパーインフレの原因に

　ジンバブエのハイパーインフレには、複数の要因が重なっています。引き金となったのは、土地改革に起因した食糧不足です。ジンバブエでは肥沃な農地の大半を白人が所有しており、土地改革が重要な課題となっていました。政府が白人所有の大農地を強制的に接収し、黒人に再分配したところ、農業生産がひどく落ち込み、深刻な食糧不足に陥ったのです。モノがまったく足りていない一方、公務員給与を中央銀行による貨幣供給によってまかなったため、物価はどんどん上昇しました。政府はインフレ対策として、モノやサービスの価格を強制的に半額にするという政策を実施。企業は採算がとれずに倒産し、外資系企業も相次いで撤退したため、為替レートも暴落します。政府のずさんな政策でモノやサービスの供給システムが崩壊し、ハイパーインフレを招いたのです。2009年以降、アメリカドルなどの導入で、ハイパーインフレは終息。2019年の自国通貨「RTGSドル」導入もうまくいかず、2024年4月に「ジンバブエ・ゴールド（ZiG）」が発行されています。

　ハイパーインフレが発生した国で問題となるのは、輸入物価の高騰です。為替レートが1米ドル＝12兆ジンバブエドルになったら、これまで通りにモノを輸入することはできません。多くの日用品を輸入に頼っていたジンバブエでは、深刻なモノ不足で生活が困窮しました。

❤ ジンバブエのハイパーインフレ

2000年… **物価上昇率57%**

給料上げろ！

大統領選挙は混乱！

政府に中央銀行が貨幣供給

その結果……

ジンバブエドルの価値が大暴落!!

＋

白人の持っている農地奪っていいぞ！

農業の生産性低下

外資系企業撤退

外資系企業が持っているジンバブエ企業の株譲れ！

食糧不足物資不足

＋

ハイパーインフレに

＆

［政府の偉い人］

モノやサービスの価格を半額にする！

その結果

2008年7月…

物価上昇率2億3,115万%

モノの製造停止企業倒産

より
ハイパー
インフレに

4 - 6

インフレ率が一時 年率4,635万％を記録した ベネズエラ

南米のベネズエラは石油が豊富な資源大国です。にもかかわらず、
2018年に前年比6万5,374％というハイパーインフレが発生し、
社会経済は大混乱に。いったい何が起こったのでしょうか。

貧困層向けのバラマキ政策が経済を悪化させた

　ベネズエラは、世界有数の原油産出国で、確認埋蔵量は世界1位です。豊かな石油資源を活用し、1980年代後半までは、中南米トップのGNP（国民総生産）を誇る"中南米の優等生"でした。それがどうして天文学的なハイパーインフレを発生させてしまったのでしょうか。

　大きな要因は、収入源である石油生産の減少です。石油そのものがとれなくなったのではなく、政策に問題がありました。1998年に貧困層の圧倒的な支持を得て誕生したチャベス前政権は、「21世紀の社会主義政策」を掲げて、国営石油企業などを国有化・接収したうえ、企業利益の大半を貧困対策などの社会政策の財源にあてました。一方で、油田のメンテナンスや技術開発への投資を著しく削減します。2013年に発足したマドゥロ政権も、この路線を引き継ぎました。結果、石油生産量は次第に減少し、2018年にはピーク時の3分の1に落ち込みました。

　また、貧困対策として、食料や日用品の価格統制、解雇禁止といった政策も実施します。しかし、自由な経済活動が妨げられたために国内外の企業は相次いで事業から撤退し、国内生産が5年間で半減してしまいます。外貨収入が減少し、深刻なモノ不足に陥りました。ここに、巨額の財政赤字を補填する紙幣発行も重なったため、ハイパーインフレが発生したのです。

❖ ベネズエラこの10年の物価上昇率（前年比）

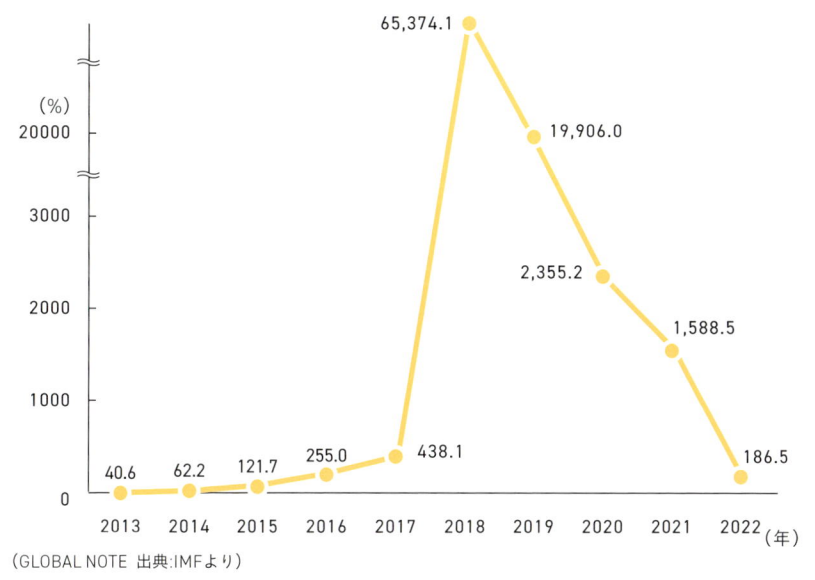

（GLOBAL NOTE 出典:IMFより）

もともと2桁の高インフレが続いていましたが、2013年から上昇速度が加速し、2018年に前年比6万5,374％を記録しました。その後も2023年まで3桁の高インフレが続いており、国民生活は困窮を極めています。

⮕ 上昇率が高すぎてモノが買えなくなっている

　2019年1月の物価上昇率は前年比で約3倍、年率換算で4,635万％を記録し、天文学的なハイパーインフレに達しました。去年は1,000円で買えたものが、今年は4億円を超えてしまっては、どんなにお金を持っていてもどうしようもありません。為替レートの暴落で輸入品が滞り、現在も食料や日用品、医薬品などの生活必需品が不足。各地で停電や断水もたびたび起こっているといいます。強盗や暴動、殺人などの犯罪も増加していることから、国外脱出を試みる人々が急増しました。国連UNHCR協会は、2023年11月時点で、770万人以上のベネズエラ人がコロンビアやペルー、チリなどに避難していると報告しています。

ハイパーインフレになると為替レートは暴落する

ハイパーインフレになると、いくらたくさんのお金をもっていても
モノが買えなくなります。つまり、お金の価値が暴落するわけです。
為替レートも暴落するので、海外のモノも買えなくなります。

物価によってお金の価値が変わる

　取引相手が近くにいれば、直接現金をやり取りすることができますが、遠く離れていたらどうでしょう。現金を届けに行ったり、送ったりするのはたいへんですよね。そこで生まれたのが「為替」で、現金を直接送らずに手形や小切手、証書などで決済する方法をいいます。私たちがよく使っている、クレジットカード決済や銀行振込も為替の一種です。

　為替には「内国為替」と「外国為替」があります。外国為替とは、通貨が異なる国同士が、現金を直接送らずに決済する方法のことで、一般に為替といった場合は、この外国為替をさします。外国為替で適用される通貨の交換レートを「外国為替相場」、または「為替レート」といいます（→P64）。

　では、物価が上がった場合、為替レートはどのように変動するかを考えてみましょう。アメリカの物価が上昇すると、モノに対するドルの価値は下がることを意味します。一方、日本で物価が下がっていれば、円の価値が上がっていることを意味します。したがって、為替レートは円高ドル安傾向が進みます。==物価の変動で通貨の価値が変わることが、為替レートにも影響を及ぼすのです。==

　実際に、ハイパーインフレが発生したジンバブエ（→P166）の為替レートの変動をみてみましょう。1980年に初めてジンバブエドルが発行

◉ 為替と物価の関係

モノの値段が上がる（インフレになる）	=	お金の価値が下がる

モノの値段が下がる（デフレになる）	=	お金の価値が上がる

もしアメリカでインフレが続き
日本でデフレが続くと

USドルの価値は下がる円の価値は上がる	=	**円高ドル安に**

ある国でインフレが起こると、その国の通貨の価値は下がるので、他国の通貨の価値が相対的に上がります。アメリカでインフレが、日本でデフレが続いていれば、理論的には円高ドル安に進みます。

されたときの為替レートは、1米ドル＝0.68ジンバブエドルでした。これがハイパーインフレ末期の2008年では、なんと1米ドル＝12兆ジンバブエドルに。驚くほど通貨の価値が激減していることがわかりますね。

⟳ 為替相場の変動は生活に直結する

　逆に、為替レートの変動は、物価に大きな影響を及ぼします。為替レートの下落、すなわちある通貨の価値が他国と比べ安くなることが起こると、その分、輸入物価が高くなり、国民の生活に直結する消費者物価を押し上げることもあります。

　日本でも多くのモノを輸入しています。近年はエネルギー価格の上昇による値上げが生活を直撃していますが、為替レートが円安になれば、その分、企業のコストが増大し、値上げ幅も大きくなるでしょう。

171

◖ 日本の対外純資産と経常収支の推移

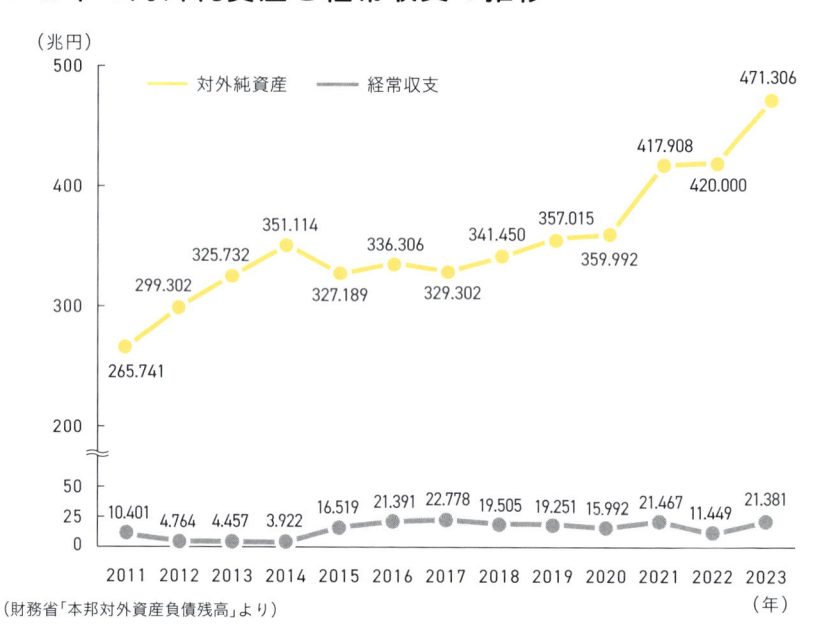

(兆円)

- 対外純資産
- 経常収支

年	対外純資産	経常収支
2011	265.741	10.401
2012	299.302	4.764
2013	325.732	4.457
2014	351.114	3.922
2015	327.189	16.519
2016	336.306	21.391
2017	329.302	22.778
2018	341.450	19.505
2019	357.015	19.251
2020	359.992	15.992
2021	417.908	21.467
2022	420.000	11.449
2023	471.306	21.381

(財務省「本邦対外資産負債残高」より)

◖ 主な国の対外純資産（2023年）

ドイツ	454兆7666億円	中国	412兆7032億円
ノルウェー	213兆2643億円	カナダ	179兆5388億円
イタリア	24兆2391億円	フランス	▲129兆3333億円
イギリス	▲149兆824億円	アメリカ	▲2805兆2713億円

(財務省「本邦対外資産負債残高」より)

逆に円高になれば、企業は安く輸入できます。企業のコストが下がれば、私たちが買うモノやサービスの値段も下がることが期待できます。

⟳ 日本は世界最大の対外純資産国だから……

　一般に、中央銀行による金融緩和（→P180）は、通貨の価値を下げてインフレを招きます。ときには行きすぎて通貨の大暴落を引き起こすこともあります。

❏ 日本がデフレでも外国から信頼されている理由

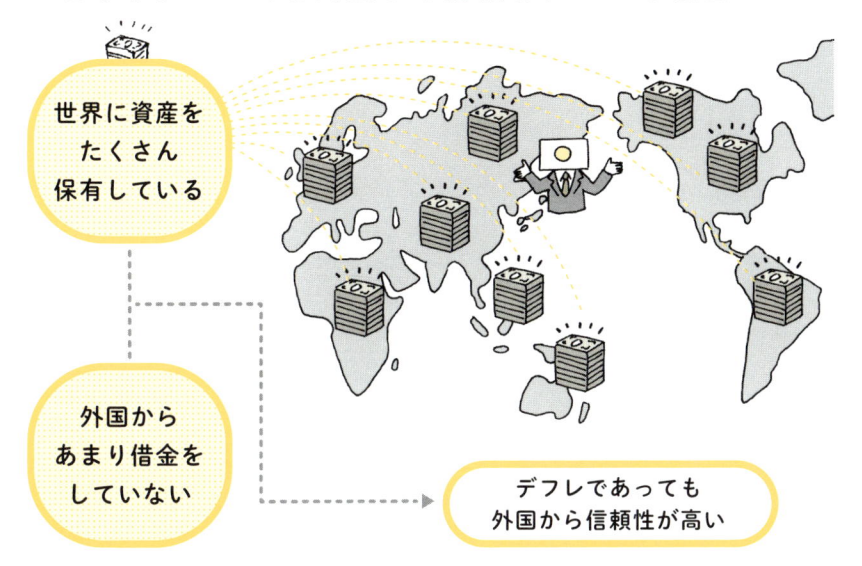

世界に資産を
たくさん
保有している

外国から
あまり借金を
していない

デフレであっても
外国から信頼性が高い

　日本は日本銀行が長年の金融緩和を続けたうえ、政府の借金も飛び抜けての世界1位の国です。にもかかわらず、円の大暴落は起こっていません。これはどうしてでしょうか。

　その理由のひとつとされているのが「対外純資産の多さ」です。対外純資産とは、政府や企業、個人が海外にもっている資産（対外資産）から、外国の政府や企業、個人が日本国内にもっている資産（対外負債）を差し引いたものです。具体的な対外資産としては、政府が支払いのためにもつ外貨（外貨準備高）や銀行の国外への貸付（対外融資残高）のほか、企業が海外で事業活動を行うために企業を買収したり、工場を建設したりする投資（直接投資残高）などがあります。対外負債としては、外国からの借入金や国内の証券への投資などがあげられます。

　各国の対外資産を比べてみると、日本が471兆3,061億円で、2位のドイツに16兆円以上の差をつけて、飛び抜けて1位。円安の影響で評価額が膨らんでいるとはいえ、33年連続で世界最大の対外純資産国を維持しています。ざっくりいえば、日本が外国からの借入が少なく、いざとなれば売ることのできる資産を世界中に持っている国だということ。この信認が、円が大暴落しない理由のひとつだとされています。

ビッグマックの価格を比較すると購買力平価がわかる

金利や貿易、投機マネーなどさまざまな要因で変動する為替レート。
けれども、長い目でみれば"物価"が決め手になるというのが
「購買力平価」の考え方です。

 ## 「購買力平価」とは、モノやサービスの値段を基準にした為替レート

「購買力平価(PPP)」とは、**物価を基準にした為替レートの適正な水準を示す指標**です。

この指標は、同じ品質のモノであれば、異なる通貨でも同じ価格になるという「一物一価」の考え方が基本となっています。各国間で同じ品質のモノやサービスを買い物かごに入れ、ウエイトをつけて価格を比較し、購買力平価を求めます。OECD(経済協力開発機構)やIMF(世界通貨機関)、世界銀行などが公表しています。

たとえば、同じ品質のモノが、アメリカでは1ドル、日本では200円で売られていた場合、一物一価の考え方から、購買力平価は1ドル=200円です。実勢の為替レートが1ドル=100円だとしても、長期的には1ドル=200円に近づくだろうと予測できるわけです。また、GDPなどの経済指標を、適正な為替レートで比較する際にも購買力平価が役立ちます。

米ドル／円の購買力平価は、消費者物価を基準にすると100円から110円くらいが妥当とする試算などがあり、計算方法によってさまざまです。

アメリカは日本よりも物価が上昇しているため、中長期的には、円高方向に進むのが自然な動きだといえるでしょう。

⚫ ビッグマックの値段からお金の価値を考える

最新の為替レートからビッグマック指数を算定してみましょう。2024年4月の為替レートは1米ドル＝153.68円なので、「（79.086÷153.68－1）×100」で、ビッグマック指数は「－48.54」です。2024年1月より、さらに割安になっていますね。

🔄 ビッグマックはどこの国でも
同じ材料と調理法でつくられるという前提

　購買力平価を「ビッグマック」単品で表したのが、「ビッグマック指数（BMI）」です。**マクドナルドのビッグマックは、世界中どこの国でもほぼ同じ材料と調理法でつくられているため、一物一価が成り立つだろうという前提があります。**1986年にイギリスの経済専門誌「エコノミスト」が提唱し、年2回発表されています（→P176）。

　2024年4月現在、日本のビッグマックは450円、アメリカのビッグマックは5.69ドルなので「450÷5.69」で、米ドル／円の購買力平価は「79.086円」です。さらに、アメリカのビッグマックの価格を基準に

◉ 世界のビッグマック指数（2024年版）

順位	国・地域名	ビッグマック指数（%）	価格（USドル換算）	現地価格
1	スイス	43.50	8.17	7.10スイスフラン
2	ノルウェー	25.50	7.14	75.00ノルウェークローネ
3	ウルグアイ	23.70	7.04	275.00ウルグアイペソ
4	ユーロ圏	3.10	5.87	5.39ユーロ
5	スウェーデン	3.10	5.87	61.29スウェーデンクローナ
6	コスタリカ	0.39	5.71	2950.00コスタリカコロン
7	イギリス	0.36	5.71	4.49イギリスポンド
8	デンマーク	0.03	5.69	39.00デンマーククローネ
9	アメリカ	0.00	5.69	5.69USドル
10	スリランカ	-0.03	5.69	1820.00スリランカルピー
11	カナダ	-2.40	5.55	7.47カナダドル
12	メキシコ	-8.70	5.19	89.00メキシコペソ
13	コロンビア	-10.60	5.09	19900.00コロンビアペソ
14	オーストラリア	-10.80	5.08	7.70オーストラリアドル
15	サウジアラビア	-11.00	5.06	19.00サウジアラビアリヤル
16	ニュージーランド	-12.00	5.01	8.20ニュージーランドドル
17	ポーランド	-12.70	4.97	19.90ズウォティ
18	シンガポール	-12.90	4.96	6.65シンガポールドル
19	ベネズエラ	-13.30	4.93	178.13ボリバルソベラノ
20	アラブ首長国連邦	-13.90	4.90	18.00UAEディルハム
⋮				
45	日本	-46.50	3.04	450円

（「エコノミスト」誌（2024.1時点）より）

どのくらい高いか安いかを、実勢の為替レート（1米ドル＝147.86円・2024年1月時点）から算定すると、「（79.086÷147.86－1）×100」から「－46.50％」となります。これがビッグマック指数で、マイナスは購買力平価に対して割安、プラスは割高を意味します。日本は46.50％も割安なので、長い目でみると、為替ルートが円高傾向になることで「一物一価」に戻っていくという予測ができるわけです。厳密な指標ではありませんが、為替レートを簡単に把握するにはわかりやすいでしょう。

第 5 章

政策と物価の関係

監修：木下智博（追手門学院大学 経済学部教授）

5-1

物価の安定を図り経済を健全に発展させる

物価と深くかかわっているのが「金融政策」です。物価の安定を目指して、日本銀行が実施しています。さまざまな手法がありますが、現在は公開市場操作という手法が中心です。

金融政策によって市場の金利をターゲット金利へ導く

　金融政策は"政策"とついていますが、実施するのは政府や政治家ではありません。日本の中央銀行（→P190）である日本銀行が、物価の安定を通じて国民経済の健全な発展に役立つように実施する政策のことです。現在の金融政策の中心になっている手法は、「公開市場操作」です。

　公開市場操作とは、市場に出回るお金の量を調整することによって、金融市場の金利を日本銀行のターゲット金利（短期金利）へ誘導することをいいます。一般に金融政策の「手段」は、市場金利を上げたり下げたりすることです。公開市場操作は、政策手段である金利を適切な水準に維持・変動させるための手法だと考えられます。詳しいしくみは、次のページで解説します。

　古い社会科の教科書は、日本銀行の政策手法として、公開市場操作と並んで、「公定歩合操作」「預金準備率操作」をあげていました。これらは現在、公開市場操作を側面からサポートする役割しかありません。

　まず公定歩合操作の「公定歩合」とは、日本銀行が民間金融機関に貸出を行う際に適用される金利のことです。この言葉は現在、「基準貸付利率」に名称がかわっています。金融機関が金融市場からお金を借りられなくても、日本銀行から借り入れるしくみがあるため、市場金利がこの基準貸付利率を超えて急騰することを防げます。

● 日本銀行が行う"公開市場操作"

インフレのとき … 売りオペ　　**デフレのとき** … 買いオペ

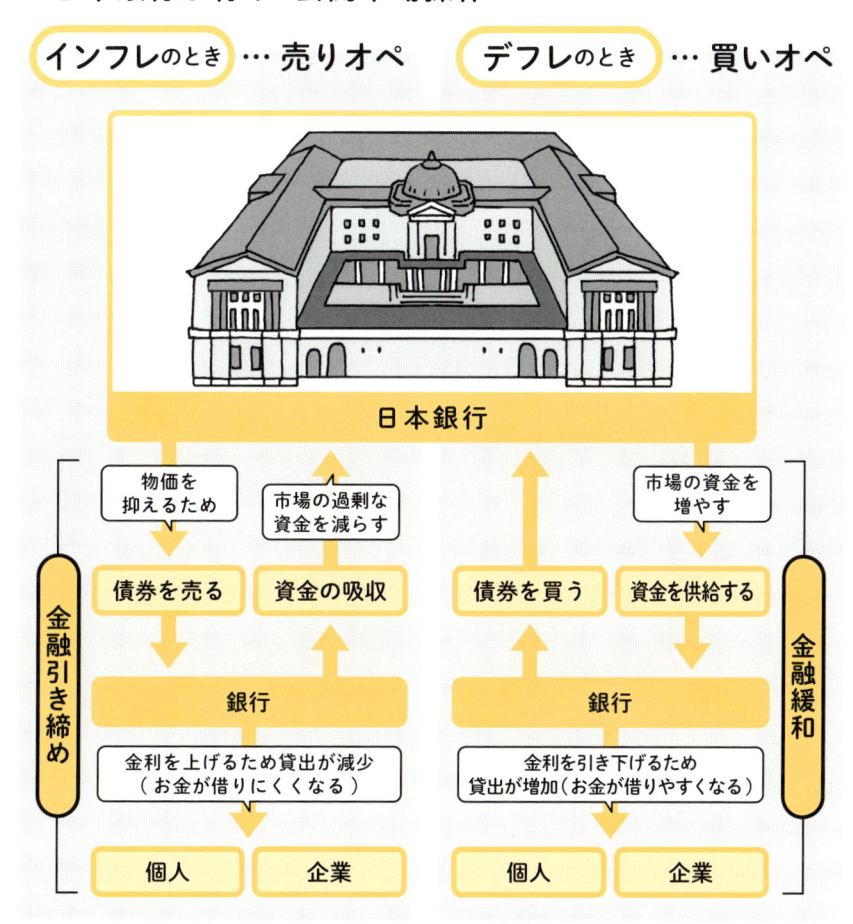

　また、金融機関は受け入れた預金の一定割合を日本銀行に預ける義務があります。この割合が「預金準備率」です。これを変更する預金準備率操作を行えば、市場に出回るお金を調整できますが、1991年以降、行われていません。

⤵ 市場に出回るお金の量を調整する公開市場操作

　では公開市場操作がどのようなものか、説明していきましょう。まず市場

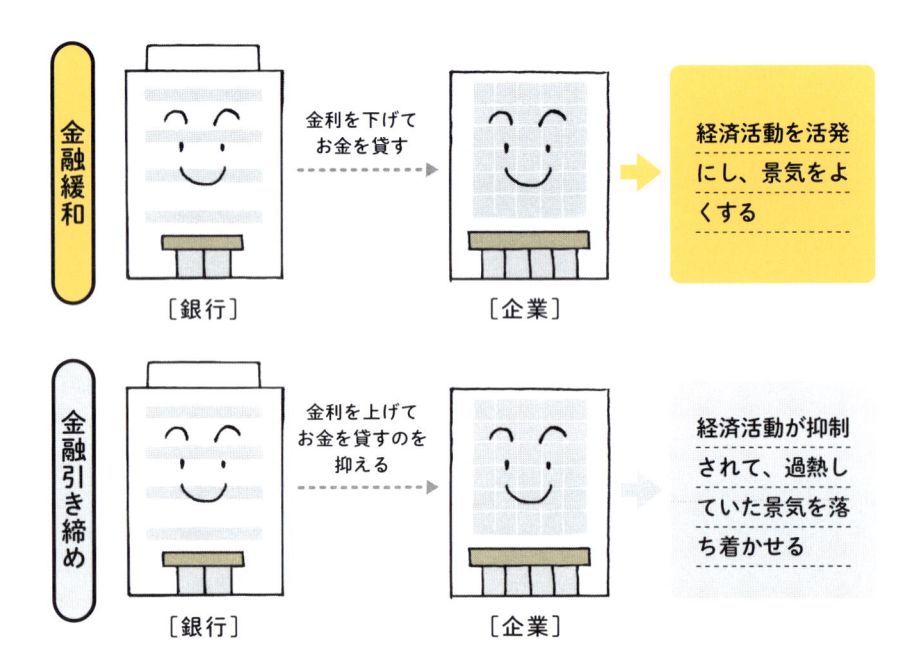

というのは、金融機関同士で資金を貸し借りする金融市場のこと。金融市場のさまざまな取引のうち、日本銀行がターゲットとしているのは、**無担保で今日借りて翌日返すという「無担保コール翌日物」という取引の「金利」で、「無担保コールレート(オーバーナイト物)」と呼ばれるものです。**

　日本銀行は、無担保コールレートを「平均的にみて○%前後で推移するよう促す」という方針(金融市場調節方針)を定めており、それに従って市場操作を行います。借り手より貸し手が少なく、目標とする金利を上回りそうなときには、日本銀行が債券などを買い取り、市場に資金を供給します。これを**「買いオペレーション(買いオペ)」**といいます。

　逆に市場の資金が多すぎて目標とする金利を下回りそうなときは、債券などを売りに出します。市場の資金を吸収することで、目標の金利まで誘導するのです。これが**「売りオペレーション(売りオペ)」**です。

　無担保コールレートは、市中銀行の短期金利の指標となっています。無担保コールレートが下がれば、企業や個人がお金を借りやすくなり、設備投資や住宅購入など経済活動が活発になるでしょう。無担保コー

ルレートが上がれば、企業や個人がお金を借りにくくなり、景気の過熱が抑えられます。こうして公開市場操作の影響が経済に及ぶのです。

→ 金融緩和は物価を上昇させるための政策

金融政策は「金融緩和」と「金融引き締め」のふたつに分けられます。金融緩和は、市場に出回るお金を増やして景気を引き上げ、物価を上昇させるのが目的。具体的には、市場に資金を供給する買いオペを行います。金融引き締めは、売りオペで市場に出回るお金を減らして、過熱した景気を冷やし、物価上昇を抑えるのが目的です。

　ここ数十年間、日本銀行はずっと金融緩和を行ってきました。かつてないほどの強力な金融緩和政策は「非伝統的金融政策」とも呼ばれています。そのひとつが、無担保コール翌日物の金利をゼロ％付近で推移させる「ゼロ金利政策」です。1999年から2024年3月までの間のうち21年余りがゼロ金利でした。さらに日銀は2013年4月に、国債などの金融資産の大規模な買い入れを含む「量的・質的金融緩和政策」を開始し、2016年秋からは、長期金利（10年国債利回り）をゼロ％程度にコントロールする政策まで行いました。さまざまな金利を押し下げ経済活動を刺激したのです。

Column

財務省のおしごと

　日本銀行と同じく「お金」を扱う仕事をしているのが財務省です。
　財務省の最も重要な仕事が、国家予算の編成です。各省庁から出された概算要求を精査し、予算案をつくります。また、毎年行われる税制改正の企画立案や国債の発行と管理、貨幣の発行も財務省が行っています。国の金庫番であり、経理担当だといえますね。意外なところでは、国際的な経済連携の取り組みや、税関業務、密輸の取り締まりなども、財務省の仕事です。財務省は、もともとは旧大蔵省が担っていた業務を金融庁と分担するかたちで、2001年に誕生しました。金融庁は、主に金融機関や金融商品市場の監視・検査・監督を行っており、内閣府に属します。財務省には、税金を管理する国税庁が外局として設置されています。

金融政策によって物価が変動する理由

長いデフレに苦しむなかで、日本銀行は金融緩和で
物価上昇を目指してきました。金融政策がどのように
物価を変動させるのか詳しくみていきましょう。

⇥ 金融政策と物価は直結している

　日本銀行の金融政策の中心は、公開市場操作で金利を変動させることだと説明しました。**一般に金融市場の金利が変動すると、私たちが買うモノやサービスの値段全般も変動するとされています。**具体的には、次のような流れで物価が変動するとされています。

　日本銀行が公開市場操作でターゲットとしているのは、無担保コールレート（オーバーナイト物）です。無担保コールレートが下がると、民間銀行は、低い金利で資金を調達しやすくなります。資金繰りがスムーズになるので、金利を低くして個人や企業にたくさん貸出をしようと考えます。そうなれば「金利が低くなったから、そろそろ戸建てを買おうか」「金利が低いうちに、設備投資をしておこう」という人々が増え、需要が高まってくるでしょう。経済活動が活発になって、景気が上向きになり、物価も上がっていくというわけです。

⇥ 金利が上がれば景気は悪くなる

　逆に、金融市場で無担保コールレート（オーバーナイト物）が上がると、民間銀行は、これまでより高い金利を支払わなければ資金調達が

◒ "金利が上がる・下がる" が物価に大きく影響する

金利が下がる（金融緩和）

低い金利で
お金が借りられるなら！

| 会社の運転資金や設備投資が調達しやすくなる | マンションや戸建てを買うお金が調達しやすくなる |

経済活動が活発に、
そして景気が上向きになり、物価が上がる

金利が上がる（金融引き締め）

高い金利でしかお金が借りられない

企業も個人もあまり借りなくなる

経済活動が抑制されて景気が悪くなり、
物価も下がる

できません。支払った金利はコストなので、民間銀行が個人や銀行に貸し出すときの金利も引き上げられます。

　そうなると、「金利が下がるまで、住宅ローンは組めないな」「まだ金利が高いから設備投資は見送ろう」など、個人や企業は資金を借りるのを控えるようになるでしょう。経済活動が抑えられ、モノやサービスがあまりつくられなくなります。つまり、景気が悪くなるわけですね。それに伴って、物価も下がっていくと考えられます。

5 - 3

フォワードルッキングは日本では起きなかった

フォワードルッキングは、あまり聞きなれない言葉ですが、
日本語では「前向きな、先を見据えた」という意味。人々の予想が
前向きか後ろ向きかで、物価の変動のしかたは変わるようです。

フォワードルッキングとは先を見越して金融政策を行うこと

「フォワードルッキング」は、主に日本銀行が金融政策運営にあたる姿勢を表すときに使われる言葉です。現時点のリスクだけでなく、先々のリスクを見越して金融政策を判断することをさします。

また、**人々の予想や期待について使われることもあります。**たとえば、「日本銀行が物価目標2％で金融政策を実施しているから、いずれは2％に上昇するだろう」という考え方は、「フォワードルッキングな期待形成」です。現時点の物価ではなく、金融政策の情報をもとにして、それが実施された先を見越して将来の物価を予想している、つまり前向きな期待形成ということです。これは「合理的期待形成」ともいいます。

一方、「これまでは物価は変わらなかったが、現在は3％ほど上昇しているから、この先も3％の物価上昇が続くだろう」と考えた人は、過去と現在の物価変動をもとに予想しています。これは「バックワードルッキングな期待形成」や「適合的期待形成」と呼ばれています。

日本銀行は大規模な金融緩和の導入の際、合理的期待形成を強く働かせることで、早期に物価目標を達成できると見込んでいましたが、うまくいきませんでした。長くデフレが続いていた日本では、「これまで物価は上がらなかったし現在も上がっていないから、今後も上がらないだろう」という、適合的期待形成が強かったからだと考えられています。

金融政策や
財政政策って
誰が決めている？

経済や物価を左右する金融政策や財政政策は、誰がどのように
決めているのか知っていますか？　この流れを知っておくと、
とっつきにくい経済ニュースがわかりやすくなるはずです。

⮕ 金融政策は日銀が決めている

　金融政策は、日本銀行の「政策委員会」による「金融政策決定会合」という会合で決められています。政策委員会は日本銀行の最高意思決定機関で、メンバーは、日本銀行の総裁と、副総裁ふたり、民間から選ばれた審議委員6人の計9人。金融政策決定会合は年に8回（1、3、4、6、7、9、10、12月）開催され、金融政策の方針や無担保コールレート（オーバーナイト物）の水準などについて議論します。2日間の審議をへて、多数決で決定。総裁も含めて全員ひとり1票です。会合で決定した内容は速やかに公表されます。2024年3月の金融政策決定会合では、賛成7名、反対2名で、マイナス金利政策の解除を含む大規模な金融緩和の終了を決定しました。

　なお、会合には政府からの出席者も参加しますが、議決権はありません。

⮕ 財政政策は政府・財務省が立案し国会が決めている

　財務政策を担っているのは、政府と財務省（→P181）です。予算編成の流れをみていきましょう。まず政府が7月頃に「経済財政運営と改革の基本方針」を閣議決定します。いわゆる「骨太の方針」といわれるもので、増税や景気対策などといった財政政策の方針を示します。

　各省庁は、この基本方針に沿って1年間に必要な予算を算定し、8月末までに財務省に予算の見積書を提出します（概算要求）。財務省主計局で各省庁の見積書を取りまとめて原案を作成し、12月下旬に閣議に提出します。最終調整ののちに、政府原案として衆議院に提出。予算委員会、中央公聴会での審議をへて、衆議院本会議で審議・採決をとります。その後、参議院での審議可決をへて、ようやく予算が成立します。

5 - 4

物価目標はなぜ2％に設定されている？

「物価安定の目標2％」というフレーズをよく見聞きします。
これは、日本銀行が「物価が大体2％ずつ上がるような経済状態」を
目指すということ。「2％」にはどんな意味があるのでしょうか。

物価目標とは物価の上昇率の目標値のこと

　日本銀行の最大の目的は「物価の安定」。つまり、物価変動の幅、物価上昇率を安定させることです。物価はさまざまな要因で変動するので、物価統制でもしない限り、まったく動かない状態にすることはできません。しかし、モノやサービスの値段が上がったり下がったりしていると、企業も家計も安心してお金を使えません。望ましいのは、物価水準の変動に煩わされることなく、安心してお金を使える状態です。

　この物価水準を、物価指数の上昇率で具体的に示したのが「インフレ目標」です。1988年、高いインフレに悩んでいたニュージーランドの中央銀行（RBNZ）が導入したのを皮切りに、イギリスのイングランド銀行や欧州中央銀行なども、インフレ目標を掲げて金融政策を行うようになりました。政府が政治目的で金利を下げるように要求しても、「まだインフレ目標に達していないからダメ！」と言いやすくなり、中央銀行の独立性を守ることができるというメリットがあります。

日本の物価上昇率は数十年間あまり変わっていない

　日本の場合、インフレ目標の導入を強く求めたのは、日本銀行では

● 20年間の物価平均上昇率

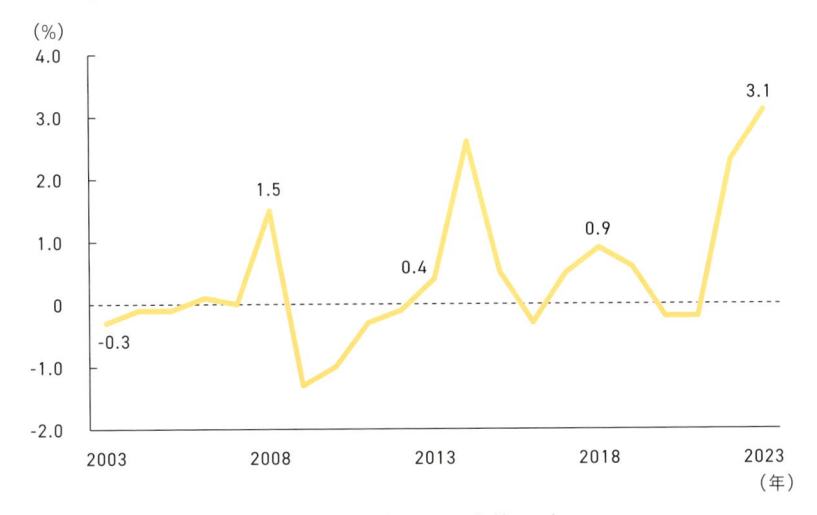

(総務省統計局「消費者物価指数生鮮食品を除く総合（前年同月比(%)）」より）

この20年間で、前年比の物価上昇率が2％以上になったのは、消費税率を引き上げた2014年と、ロシアのウクライナ侵攻の影響を受けた2022年、そして2023年だけです。

なく政府でした。デフレと日本経済の停滞が続くなかで、日本銀行に対する批判が厳しくなっていました。デフレ脱却のためには、日本銀行がこの目標を導入し、より強い姿勢と責任をもって金融政策を行うべきだという意見が強く主張されたのです。これを受けて日本銀行は、2012年2月に「中長期的な物価安定の当面の目途として、消費者物価指数の前年比上昇率1％」という方針を示します。同年12月の衆院選挙で大勝した安倍内閣のもと、2013年1月に日本銀行・政府は共同声明を発表。「消費者物価指数の上昇率が前年比2％」という物価安定の目標を導入し、4月に「量的・質的金融緩和政策」を実施したのです（→P181）。

　しかし、そもそもバブル崩壊以降の日本の物価はほとんど変動しておらず、0％前後をウロウロしている状態。日本銀行は、当初2年以内としていた物価安定の目標の達成時期の見通しを、何度も遅らせてきました。**ここ20年間でも、2％以上の物価上昇率となったのは3回だけです。**

「2%」の明確な根拠はない

　物価が少しずつ上昇すれば、企業も家計も安心してお金が使えて、企業の利益も労働者の賃金もある程度上がっていく……。日本銀行や政府が想定しているのは、このような経済状態です。

　ではどうして「2%」なのでしょうか。専門的な数式から算定された数値かと思いきや、実はこれ、誰もが納得するような明確な根拠はありません。

　ただ、インフレ目標はゼロよりプラスのほうがよいだろうという共通認識はあります。それはなぜかというと、消費者物価指数は高めに出る性質があるからです。消費者物価指数は5年ごとの改定でウエイトの見直しがされていますが、その間も家計の買い物は変化しています。通常はより安いモノを選ぶ人が多いので、物価全般も実際は徐々に下がっていくと考えられます。しかし、ウエイト見直しを行わない5年の間に計算される指数は、実際よりも高めに出やすいのです。

　そのため、インフレ目標を「0%」として金融政策を行った場合、目標を達成したとしても、本当の物価上昇率はマイナスだったとなる可能性があります。物価が下がり続けるデフレからの脱却は、利下げだけでは極めて難しいのです。「実質金利」(予想インフレ率を名目金利から差し引いた数値)を大幅に引き下げられるよう、ある程度の余裕をもたせて、1〜3%くらいのインフレ目標が安全だと考えられています。

 ## 世界の主な国にならったかたちで 目標を設定した？

　物価が上がらない日本経済にとっては、2%という物価安定の目標は高すぎるという意見も少なくありません。ただ、日本が物価目標を導入したときには、すでにイングランド銀行や欧州中央銀行、FRBなど主要国の中央銀行も、インフレ目標2%前後を掲げていました。その状況のなかで、日本だけが低い目標値を掲げるとどうなるでしょうか。

　問題となるのは為替レートです。「物価が上がる」というのは、すな

◆ 主な国の経済見通し成長率予測

（実質GDP、年間の変化率）

国名	2023年	2024年予測	2025年予測
カナダ	1.1%	1.2%	2.3%
イギリス	0.1%	0.5%	1.5%
アメリカ	2.5%	2.7%	1.9%
ユーロ圏	0.4%	0.8%	1.5%
ドイツ	− 0.3%	0.2%	1.3%
フランス	0.9%	0.7%	1.4%
イタリア	0.9%	0.7%	0.7%
スペイン	2.5%	1.9%	2.1%
日本	1.9%	0.9%	1.0%
中国	5.2%	4.6%	4.1%
メキシコ	3.2%	2.4%	1.4%

（IMF 2024年4月「世界経済見通し（WEO）」より）

わち「通貨の価値が下がる」ということでしたね。1ドルで10個買えていたものが、物価が2倍に上がったら5個しか買えなくなるので、1ドルの価値がそれまでの半分に下がったということです。

　たとえば、アメリカのインフレ目標が2%で、物価が徐々に上がっていくとしましょう。ドルの価値は下がっていくのに、日本は物価が上がらず、円の価値も変わらないとなれば、円高を招くことになってしまいます。日本経済にとっては、どちらかといえば円高のダメージが大きいので、諸外国と同じ「2%」で設定されたという事情もあるのです。

　最近は日本でも、長く停滞していた物価がようやく上昇してきました。ロシアのウクライナ侵攻による原油高を背景に、生鮮食品を除く消費者物価指数が2022年4月に前年同月比2.1%となった以降、本書執筆の2024年7月まで28か月連続で2%以上の物価上昇率を示しています。

5 - 5

中央銀行には3つの役割がある

中央銀行は、その国や地域で流通している通貨を介して、経済の発展を目指す特別な銀行です。目的は「物価の安定」と「金融システムの安定」。日本の中央銀行としての日本銀行の役割をみていきましょう。

中央銀行は世界各国にひとつずつある

　民間の銀行は、個人や企業を相手にお金のやり取りを行っています。株式会社なので、多くの利益を得ることが目的です。一方、**中央銀行は個人や企業ではなく、民間の金融機関や政府を相手にお金のやり取りを行う、特別な銀行です。**世界各国にひとつずつあり、金融システムの中核として国や地域の経済の健全な発展を支えています。たとえば、イギリスのイングランド銀行、アメリカのFRB、EU圏のECB（欧州中央銀行）などがあります。

　日本の中央銀行は、みなさんご存じの日本銀行（日銀）。「日本銀行法」に基づいて設立された認可法人で、株式会社でも政府機関でもありません。株式の代わりに「出資証券」を発行しており、市場での売買が可能です。ただし、政府からの出資が5,500万円を下回ってはならないことが決められているうえ、株主総会もありません。独立性を保つために、出資証券の買い占めや経営への口出しはできないようになっているのです。

お札の管理・流通・発行などを行っている

　お札をみると、「千円」「壱万円」などの金額の上に「日本銀行券」と書

いてありますね。お札の発行は、日本銀行の重要な役割のひとつです（発券銀行）。

　お札は国立印刷局で印刷されて、日本銀行が引き取って保管します。**各金融機関は日本銀行に当座預金口座を開設しており、必要に応じて、預金を引き出します。これがすなわち「お札の発行」ということになります。**金融機関が引き出したお札は、企業や個人の手に渡って買い物に利用されたり、預金として預けられたりします。預金の一部を、金融機関は再び日本銀行に預け入れます。

　日本銀行は、戻ってきたお札を偽造・変造されていないか、損傷度合いはどうかなどをチェックし、再び流通させるかどうかを判断します。これを「鑑査」といいます。再流通に適さないお札は細かく裁断して、廃棄されます。平均寿命は一万円券が4〜5年程度、千円券・五千円券は1〜2年程度だそう。鑑査で再流通に適していると判断されたお札は、再び各金融機関の当座預金口座を通じて、世の中に送り出されます。

⤷ その業務内容から「銀行の銀行」といわれることも

　日本銀行は、「発券銀行」「政府の銀行」「銀行の銀行」という3つの役割があります。発券銀行というのは、日本で唯一、お札を発行できる銀行ということ。政府の銀行、銀行の銀行というのは、日本銀行に口座をつくれるのが、政府と金融機関だけだからです。

　「政府の銀行」としては、国民から集めた所得税や法人税などの税金や社会保険料などを、日本銀行の政府の預金口座で受け入れます。入出金を管理し、公務員の給与の支払や、公共事業関連費や年金の支払の事務を行っています。また、国債の発行や国債の利払いなどの国債に関する事務も、日銀ネットを介して日本銀行が行っています。さらに、外国為替市場における為替介入も、財務大臣の指示に基づいて日本銀行が実施しています。

　「銀行の銀行」としては、同じく預金の受け入れがあります。金融機関はその預金の一定割合を日本銀行に預けることが義務づけられている

● 日本銀行の3つの役割

1 発券銀行

日本で唯一、お札を発行できる発券銀行で、お札には「日本銀行券」と印刷されている。日本銀行にある各金融機関の預金口座を通して、お札の発行・流通・管理を行う。

2 政府の銀行

日本銀行には政府の預金口座があり、その管理を担っているため、「政府の銀行」と呼ばれている。税金や年金の受払、国債に関する事務のほか、外国為替市場における為替介入も行う。

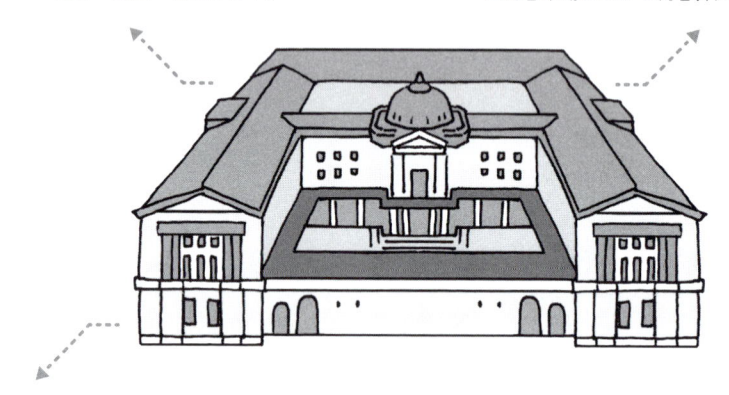

3 銀行の銀行

日本銀行には、民間の金融機関の預金口座があり、各金融機関の預金の一定割合を預けることが義務づけられている。金融機関への貸出も行うため、「銀行の銀行」と呼ばれている。

からです。金融機関は、この日銀当座預金から日銀ネットを通じて資金のやり取りを行ったり、企業や個人への預金の払い戻しにあてたりしています。

　しかし、何らかの原因で資金繰りが難しくなると、不渡り[*1]や取り付け[*2]を起こす可能性もあります。金融システムは、たくさんの金融機関と市場を網の目のように結んでいるため、ひとつの金融機関が支払不能に陥ると、ほかの金融機関にも悪影響を及ぼすおそれがあります。こうした事態を防ぐため、日本銀行が金融機関に貸出を行うこともあります。このような"最後の貸し手"機能も、銀行の銀行としての仕事です。

---

*1 不渡り／企業が発行した手形や小切手が決済(現金化)できないこと。
*2 取り付け／金融機関への信用不安などから、預金者が一斉に払い戻しを求めて金融機関に殺到し、大混乱が起こること。

金融政策を通して物価の安定を図っている

日本銀行の目的は「物価の安定」と「金融システムの安定」です。

186ページでも述べたとおり、モノやサービスの値段が激しく変動すると、「5年で店舗を倍増させよう」「3年後に車を買い替えよう」など、投資や消費の計画を立てることができません。安心してお金を使うことができず、経済活動が停滞してしまいます。また、物価の下降が続いていると、企業の利益も労働者の賃金も減ってしまい、さらに物価が下がるという悪循環に陥ることもあります。

過度な物価の変動を抑えるために、日本銀行が行っているのが「金融政策（→P178）」です。主に公開市場操作で金利を上下させて、経済活動や物価に働きかけています。

金融政策の基本方針は、政策委員会による「金融政策決定会合」で、審議・決定されます（→P185）。年8回開催され、その内容は終了直後に公表されています。また、年4回（通常1月・4月・7月・10月）発行される「経済・物価情勢の展望（展望レポート）」でも、先行き3年程度の日本経済や物価の見通し、金融政策運営の考え方がまとめられています。

Column

銀行などさまざまある金融機関の役割

企業や家計が経済活動を円滑に行うためには、お金がスムーズに回っていることが大切。そこで、余裕のある人からお金を集めて、お金を必要とする人に貸し出す役割を担うのが「金融機関」です。金融とは"お金を融通する"という意味です。

金融機関にはさまざまな種類がありますが、預貯金業務をしているかで大別されます。預金できる金融機関には、銀行や信用金庫、信用協同組合などがあります。

預貯金業務を行わない金融機関には、保険会社や証券会社、ノンバンクなどがあります。保険会社は集めた保険料を運用して増やし、必要な人に保険金を支払います。証券会社は手数料を得て、株式の売買の仲介をすることでお金を融通しています。ノンバンクは、個人向けの貸付を行う機関で、銀行法ではなく貸金業法が適用されるのが特徴。消費者金融やクレジットカード会社、信販会社などが当てはまります。

財政政策とは 政府が行う景気対策などを 反映させた政策

日本銀行が行う金融政策に対し、景気対策などのために政府が行うのが
「財政政策」です。企業や個人がお金を使いたくないときに
率先してお金を使い、景気の引き上げを図ります。

財政とは国や地方自治体が行う経済活動のこと

　まずは「財政」という言葉から説明しましょう。「財政」とは、国や地方自治体が収入を得て、それを支出する経済活動のことです。集めた税金を何にどのくらい使うかを決めて支払をする、ということです。

　経済は、政府、企業、家計という3つの経済主体で回っています（→P12）。企業は利潤を追求するためにモノやサービスを提供し、家計はそれを消費するという経済活動を行っています。しかし、家計や企業の力では難しいこともたくさんあります。そこを調整するのが財政の役割で、大きく3つの役割があります。

　まずひとつめは、政府が自ら公共財・サービスの供給を行う「資源配分機能」です。ふたつめが「所得再分配機能」で、国民の所得格差を是正するために行われます。そして3つめの役割が「経済安定化機能」です。景気の過熱や悪化を食い止めて、国民生活の安定を図ります。ここで登場するのが「財政政策」です。

主な財政政策は公共事業と減税

　景気が悪いときには、政府が「公共事業」を積極的に行って、需要をつ

❍ 財政の役割と財政政策

財政の役割

資源配分機能
政府自ら道路や橋、港湾空港、公営住宅、公園などの公共施設をつくったり、司法や警察、消防などの公共サービスを提供したりする。

所得再分配機能
所得の多い人ほど税金を多く負担する累進課税制度や相続財産に応じて課せられる相続税、社会保障制度などを通じて、所得格差を是正する。

経済安定化機能
景気の過度な変動を抑えて、物価や国民の生活を安定させる。このために行うのが「財政政策」だが、狙い通りにいかないこともあり得る。

景気の安定化のために 政府が行うこと
＝
財政政策

公共事業を行う
景気が悪いときは企業も個人もお金を使わない。そこで、政府が公共事業を行って需要を拡大し、景気を引き上げる。

減税を行う
減税により、企業や個人が自由に使えるお金を増やす。消費や設備投資に対する意欲を促し、需要を拡大するのが目的。

どちらも財源の確保が重要
＝
税金（国の収入）

くり出します。公共事業を発注すれば、その対価が企業の収入となり、従業員の賃金となります。従業員がそのお金でモノやサービスを買えば、需要が増えて景気が回復していくというわけです。

　景気をよくするためのもうひとつの方法が「減税」です。企業や家計が自由に使えるお金を増やすことで、需要を増大させるのです。逆に、景気が過熱しているときは、公共事業の縮小や増税で需要を小さくします。

5-7

増税・減税によって景気が左右される

消費税率の引き上げに伴い、日本の景気は落ち込みました。
増税・減税による「自由に使えるお金」の増減は
景気を左右する要因のひとつです。

増税とは税収を増やすこと

　日本は毎年、新規国債を発行しており、その債務残高は1,000兆円を超えています。今後も少子高齢化が進行するなか、債務残高を減らして財政を健全化するためには、収入（税収）を増やすしかありません。つまり増税ですね。一般に消費税率を1％上げると税収は2兆円増えます。消費税は景気や人口構成の変動に左右されにくく、安定した収入を見込めるため、国にとっては使い勝手のよい財源だといえます。

　増税の際、問題となるのは「増税による景気の悪化」です。家計や企業が「消費税が高くなっても賃金や利益は増えないから、買い物は控えよう」と考えて需要が縮小すれば、景気にも影響を及ぼします。消費税率を5％から8％に引き上げた2014年度には、実質GDP成長率が前年比0.4％下がりました。消費税の税収は増えたとしても、景気の悪化で所得税や法人税の税収が少なくなってしまっては本末転倒でしょう。景気が過熱しすぎてインフレが進んだときに増税を行って、景気を冷やす（悪化させる）ことでインフレを抑えるということもあります。

　2019年の消費税率10％引き上げの際には、景気への影響を抑えるため、軽減税率の導入をはじめ、自動車税や住宅ローンの減税、キャッシュレス決済時のポイント還元、プレミアム付商品券など、さまざまな対策を実施しました。しかし、これらの財源も結局は税金なのです。

◯ なぜ増税する？　なぜ減税する？

なぜ増税？

高齢化による社会保障費の増加など、国の収入を増やすため

➡ 国民の負担は増える　➡ 景気は悪くなる

なぜ減税？

国の政策継続によって、景気をよくするため

➡ 国民の負担は（一時的に）減る　➡ 景気がよくなる

➡ 減税とは税金の徴収額を減らすこと

　景気をよくするために行われるのが、減税です。<mark>税金が減れば、消費者が自由に使えるお金が増えます。モノやサービスをたくさん買うようになれば、需要が拡大して景気が上向きになることが期待されます。</mark>

　2024年度の税制改正大綱において、所得税・住民税の定額減税が決定しました。会社員の場合（年収2,000万円超を除く）、2024年6月からひとり当たり、所得税3万円と住民税1万円の計4万円が減税されます。

　ただし、収入や家族構成によって差がありますが、多くの人は毎月の減税額が数千円程度にしかなりません。あくまでも物価高に対する一時的な措置で、景気を引き上げるような効果はないでしょう。

➡ 税金は国や地方自治体の収入源

　税金というと"頑張って稼いだお金からとられる"というイメージが強いかもしれませんが、<mark>国や地方自治体が公共サービスを提供するための大事な収入源です。</mark>約50種類の税金があり、できるだけ公平なかたちで徴収できるように、さまざまな場面で課税されます。会社員の場合、所得税・住民税のほか、厚生年金保険料、健康保険料、雇用保険料、介護保険料（40歳以上）が給与から差し引かれます。収入や年齢によって異なりますが、およそ15〜25％が税金・社会保険料となります。さらに、消費税や自動車税、固定資産税、酒税などもあります。

物価高対策として国が補助金を出す

電気やガス、ガソリンなどの高騰は、家計や企業の経済活動に
大きな影響を及ぼします。家計や企業の負担を和らげるため、
政府は「補助金」を使った物価高対策を行っています。

➡ 目安額を超えたら補填されるシステム

　コロナ禍からの世界経済の回復とロシアのウクライナ侵攻を背景に、
原油価格が高騰しました。政府は原油高による家計や企業の負担を抑
えるために、2022年1月から「燃料油価格激変緩和政策」を開始。ガソ
リン、軽油、灯油、重油、航空機燃料で1リットル当たりの基準額を超
えた分は、燃料油元売り事業者に補助金を出すという政策です。「補助
金で補填するから、値上げを抑えてください」ということですね。

　もうひとつの補助金政策が2023年1月使用分から実施された「電気・
ガス価格激変緩和政策」です。申請などは不要で、月々の料金から自動
的に値引きされます。電気料金の明細書に「政府の支援で、使用量×0
円／kWhが値引きされています。」と記載されているのに気付いた人も
いるでしょう。2023年9月以降の値引き単価は都市ガス1㎥あたり15
円、電気代1kWhあたり3.5円（低圧・主に家庭）となっていました。

➡ 期間を区切って補助するのが原則

　これらの補助金政策の費用は、2023年度の国の支出（歳出）の「その
他」に含まれ、歳出全体の3.5％（4兆円）が「新型コロナウイルス感染症

❂ 2024年4月までの燃料油価格補助の場合

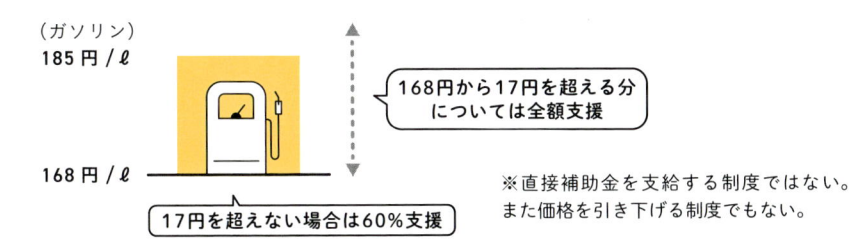

（ガソリン）
185 円 / ℓ

> 168円から17円を超える分
> については全額支援

168 円 / ℓ

> 17円を超えない場合は60%支援

※直接補助金を支給する制度ではない。
また価格を引き下げる制度でもない。

灯油・軽油など … ガソリンが適用になったら同じ分が補填される

> ガソリンや軽油、灯油などは、168円／リットルを基準に、元売
> り業者に補助金が出されています。電気代やガス代は「それぞれ
> の値引き単価×使用量」で自動的に値引きされています。

及び原油価格・物価高騰対策予備費」として使われました。もともとは税金ですから、期間を区切って補助するのが原則です。電気・ガス価格激変緩和策は2024年5月使用分まででしたが、8〜10月使用分につき、「酷暑乗り切り緊急支援」が行われます。しかし、燃料油価格激変緩和策は期間延長を繰り返しています。政府が想定する原油価格に到達せず、終了後の反動を懸念しているためです。2024年4月末まででしたが、5月以降も2024年内限りで延長されました。

Column
企業向けの補助金・給付金・助成金もある

　申請・審査をへて受けられる企業向けの補助金や給付金もあります。そのひとつが、新分野展開や業態・業種の転換など、中小企業のチャレンジを支援する「事業再構築補助金」です。新製品・サービスの開発や生産プロセスの改善などを支援する「ものづくり補助金」や、ITツール導入を支援する「IT導入補助金」もあります。また、小規模事業者の"販路開拓"に焦点を当てたのが「小規模事業者持続化補助金」です。販路開拓に向けたチラシやパンフレット、ホームページやウェブ広告、店舗の改装、展示会の出店、新商品の開発費用に対する補助が受けられます。

　ただ、これらの中小企業向けの補助金は、特定のモノやサービスに対する補助金とちがい、物価に直接影響を与えることはないでしょう。

補助金政策では確実に物価を変動させられる

お得に旅行ができるとして話題になったGo Toトラベル。
2020年の利用者数は累計8,781万人、支援額は5,399億円に上りました。
これも税金による補助金政策のひとつです。

⤷ 地域の活性化、家計への支援など理由はさまざま

　物価高対策という呼び名でなくても、物価を変動させるさまざまな補助金政策が行われています。**金融政策や財政政策と補助金政策とのちがいは、物価変動の「確実性」です。**金融政策や財政政策は、景気を刺激あるいは抑制することで、間接的に物価の変動を図ります。目論見通りに物価が変動するかどうかは、実際にやってみなければわかりません。物価が変動するまでにも、ある程度の時間を要するでしょう。しかし、補助金政策は実施直後から、特定のモノやサービスの値段を確実に変動させることができます。

　近年の補助金政策としては、「Go To トラベル」や「全国旅行支援」が有名ですね。コロナ禍で業績が悪化した旅行業界支援や地域活性化のために実施され、大きな反響を呼びました。また、子育て家庭の家計負担を軽減することを目的とした「小児医療費助成制度」や「高等学校等就学支援金制度」も、補助金によってサービスの値段を変える制度です。

⤷ 国から予算が捻出されている

　家計にとってモノやサービスの値段が下がるのはありがたいことで

❍ さまざまな補助金がある（例）

全国旅行支援

旅行代金の割引と地域クーポンを付与する制度。政府の補助金を受けて、各都道府県が実施。2023年12月末で終了したが、北陸4県などは2024年以降も独自の旅行支援を実施している。

小児医療費助成

子育て家庭の医療費負担を軽減するため、子どもが病気やけがで受診した際の医療費を都道府県と市町村で助成する制度。対象年齢や助成内容、所得制限の有無は、市町村で異なる。

高等学校等就学支援金制度

高校の授業料に相当する全額または一部を国が負担し、学校に直接、就学支援金を支払う制度。国公私立を問わず、世帯所得が一定以下の世帯に適用される。

すが、**国が捻出する補助金は、常に「税金」でまかなわれている**ことを忘れてはいけません。特定のモノやサービスに対する補助金制度は、それを使う人と使わない人で、不公平が生じるという問題も生じます。たとえば、子どものいない家庭では、小児医療費助成制度や高等学校等就学支援金制度による恩恵を直接的に受けることはできません。税金をどの分野に配分するかは慎重な議論が必要でしょう。

　また、本来モノやサービスの値段は、市場における需要と供給のバランスで自由に決まるもの。補助金政策で、国が統制的に値段を決めることは、経済の健全な働きを妨げるという見方もあります。

ニュースの理解度が深まり、
日本経済がより身近に！

　まずは最後までお読みくださり、ありがとうございました。

　目にもみえず、手でもつかめない「物価」というものを、本書では、いろいろな側面から説明してきました。

　物価を動かす要因には、景気をはじめ、為替や賃金、金利など、さまざまなものがあります。私たち消費者の物価に対する気持ちも、そのひとつです。また、コロナ禍やロシアのウクライナ侵攻も物価を動かす要因となり、きっとこれからも予測できないことが多々あるでしょう。

　本書の「はじめに」のなかで、次のように記しました。

　「給料はたいして上がらないのに、物価だけがどんどん上がって生活は苦しくなる一方だ」。そう感じている人も多いのではないでしょうか。

　本書を読み終えたあなたは、どう感じているでしょうか？

　ごく最近になって、長く停滞していた日本の消費者物価指数は、2％を超えました。同じく世界主要国のなかで日本だけが停滞していた賃金も、2024年の春闘で平均賃上げ率5.1％となりました。これは33年ぶりの高水準です。消費者としての体感とのズレはあるかもしれませんが、本書を読み終えたあとでは、このできごとの重要性を十分理解されていることと思います。

「何か熱っぽい」とか「熱は下がっただろう」と思っていても、体温計がなければ正確にはわかりません。でも体温計で体温を測れば、そのときの体調がはっきりわかりますし、その後の予測も立てられます。体調を比較することもできるでしょう。

経済における物価も同じです。物価というものさしを使うことで、景気はどういう状態なのか、これからどうなるのかをつかむことができます。ただ一方で、昔に比べると、景気の動向をいち早く反映する"経済の体温計"という物価の機能は弱まっているのではないか、という見方もあります。時代の変化とともに「物価」の機能も変わっていくのかもしれません。だとしても、物価が日本の経済、ひいては私たちの生活と密接に関係していることは変わらないでしょう。

外国語の学習でいえば、本書を読み終えたみなさんは「基本の単語と構文はおさえた」といったところ。あとは実践あるのみです！

これまでは「何だか難しそう」「どうせわからないから」と避けていた経済関連のニュースや記事も、「物価」にまつわる基本用語やしくみを知っていれば、とっつきやすくなっているはずです。

消費者物価指数、物価目標、GDP、為替、賃金、金利、金融政策、日本銀行などなど、本書に登場した物価と経済の用語を、ぜひ生のニュースや記事で探してみてください。いえ、本書を読み終えたあなたなら、自然とそれらをキャッチできるようになっていると思います。

今の日本の物価や経済がどういう状態なのか、そしてこれからどうなっていくのか。生の経済ニュースや記事に現在進行形で触れながら、より理解を深め、日々の生活に生かしてください。そのために本書がお役に立てれば、たいへんうれしく思います。

INDEX さくいん

1～3章監修

斎藤太郎（さいとう たろう）

ニッセイ基礎研究所経済研究部経済調査部長。

1992年京都大学教育学部卒業、同年日本生命保険相互会社入社、1996年にニッセイ基礎研究所、2019年8月より現職。2010年拓殖大学非常勤講師、2012年より神奈川大学非常勤講師、2018年より総務省統計委員会専門委員を務める。専門は日本経済と雇用の分析。雑誌、新聞などへの寄稿多数。

4～5章監修

木下 智博（きのした ともひろ）

追手門学院大学経済学部経済学科教授、追手門学院大学大学院経営・経済研究科教授。

1984年東京大学法学部II類（公法）卒業、同年日本銀行入行。1990年ハーバード大学法科大学院卒業（法律学修士）。日本銀行ニューヨーク事務所次長、システム情報局参事役、青森支店長などを歴任。政策研究大学院大学教授、お茶の水女子大学客員教授などをへて、2018年より現職。著書に『金融危機と対峙する「最後の貸し手」中央銀行』（勁草書房）がある。

カバーデザイン	三森健太（JUNGLE）
カバー・本文イラスト	堀江篤史
本文デザイン・DTP	COUBO
編集協力	オフィス201（小形みちよ）、寺本彩
校正	文字工房燦光

イラスト図解
知っているようで知らない
物価のしくみ

監修者　斎藤太郎、木下智博
発行者　池田士文
印刷所　萩原印刷株式会社
製本所　萩原印刷株式会社
発行所　株式会社池田書店
　　　　〒162-0851
　　　　東京都新宿区弁天町43番地
　　　　電話 03-3267-6821（代）
　　　　FAX 03-3235-6672

落丁・乱丁はお取り替えいたします。
©K.K. Ikeda Shoten 2024, Printed in Japan
ISBN 978-4-262-17489-1

［本書内容に関するお問い合わせ］
書名、該当ページを明記の上、郵送、FAX、または当社ホームページお問い合わせフォームからお送りください。なお回答にはお時間がかかる場合がございます。電話によるお問い合わせはお受けしておりません。また本書内容以外のご質問などにもお答えできませんので、あらかじめご了承ください。本書のご感想についても、当社HPフォームよりお寄せください。。
［お問い合わせ・ご感想フォーム］
当社ホームページから
https://www.ikedashoten.co.jp/

本書のコピー、スキャン、デジタル化等の無断複製は著作権法上での例外を除き禁じられています。本書を代行業者等の第三者に依頼してスキャンやデジタル化することは、たとえ個人や家庭内での利用でも著作権法違反です。

24000010